SCÈNES

DE

LA VIE PRIVÉE.

DE L'IMPRIMERIE DE LACHEVARDIERE,
RUE DU COLOMBIER, N° 30.

SCÈNES

DE

LA VIE PRIVÉE,

PAR

M. DE BALZAC.

TOME QUATRIÈME.

SECONDE ÉDITION.

PARIS,
LIBRAIRIE DE MAME-DELAUNAY,
RUE GUÉNÉGAUD, N° 25.
1832.

NOTE DE L'ÉDITEUR.

J'avais prié l'auteur d'intituler ce dernier volume : *Esquisse d'une vie de femme*, trouvant, dans l'ensemble et le caractère des cinq épisodes qui le composent, un plan suivi, un même personnage déguisé sous des noms différens, une même vie saisie à son début, conduite à son dénouement et représentée dans un grand but de moralité.

Mais, soit que l'auteur n'ait pas voulu se défier de l'intelligence des lecteurs choisis auxquels il s'est constamment adressé; soit qu'il ait eu des pensées plus artistes, en ne coordonnant point avec régularité les effets de cette histoire; soit qu'il ait trouvé son idée première suffisamment révélée ou plus poétique au milieu du vague dont elle s'enveloppe, il a refusé d'adopter mon amendement commercial, et ne m'a laissé que la faculté de publier cette note. Elle donne à chacun la liberté d'interpréter l'ouvrage à son gré.

L. Mame-Delaunay.

SCÈNE XI.

LE RENDEZ-VOUS.

LE RENDEZ-VOUS.

LA JEUNE FILLE.

Au commencement du mois d'avril, et par une de ces belles matinées où les Parisiens voient pour la première fois de l'année leurs pavés sans boue et leur ciel sans nuages, un cabriolet à pompe, attelé de deux chevaux fringans, déboucha dans la rue de Rivoli par la rue Castiglione, et vint se mêler à une douzaine d'équipages stationnés à la grille nouvellement ouverte au milieu de la terrasse des Feuillans. La leste voiture était conduite par un homme âgé, mais encore vert. L'inconnu paraissait souffrant et ennuyé. Ses cheveux grisonnans et bouclés ne couvraient plus qu'imparfaitement son crâne jaune et son front ridé.

Le laquais qui suivait à cheval la voiture ayant reçu les rênes que lui tendit le vieillard, celui-ci s'empressa de descendre pour prendre dans ses bras une jeune fille au teint blanc, aux cheveux noirs, petite, mignonne, et dont la beauté délicate attira l'attention de tous les oisifs qui se promenaient sur la terrasse.

Le vieillard saisit la jeune personne par la taille quand elle se montra debout sur le bord de la voiture ; puis, elle passa un de ses bras autour du cou de son galant conducteur, qui la mit sur le trottoir, sans que la moindre garniture de sa robe en reps vert eût été froissée.

Elle prit familièrement le bras de l'inconnu, qui, remarquant les regards d'envie jetés à sa compagne par quelques groupes de jeunes gens émerveillés, parut oublier pour un moment la tristesse dont son visage était empreint.

Il semblait arrivé depuis long-temps à cet âge où les hommes sont réduits à se contenter des trompeuses jouissances de la vanité.

— L'on te croit ma femme!... dit-il à voix basse à la jeune personne en se redressant et en marchant avec une lenteur qui la désespéra.

Il paraissait avoir de la coquetterie pour elle ; et jouissait, peut-être plus qu'elle-même, des œillades de côté que de jeunes curieux lançaient sur ses petits pieds chaussés par des brodequins en prunelle puce, sur une taille délicieuse dessinée par une robe à guimpe, et sur le cou frais qu'une collerette brodée ne cachait pas entièrement. Enfin, pour dernier attrait, les mouvemens de la marche, relevant par instans la robe de la jeune fille, permettaient de voir, au-dessus des brodequins, un bas blanc et bien tiré qui révélait aux flaneurs charmés la perfection d'une jambe élégante et fine.

Aussi, plus d'un promeneur dépassa-t-il le couple mystérieux pour admirer ou pour revoir une figure, ombragée d'un chapeau vert doublé de satin rose, autour de laquelle se jouaient quelques rouleaux de cheveux bruns. Une malice douce animait deux beaux yeux noirs, fendus en amande, surmontés de sourcils bien arqués, bordés de longs cils, et qui semblaient nager dans un brillant fluide. Le reflet du satin rose ajoutait à l'éclat d'une peau plus blanche que les pétales d'une marguerite, et dont un désir pétillant, une impatience de jeune fille, rehaussaient encore le vif incarnat. La vie et la jeunesse étalaient leurs trésors sur ce visage mutin et sur un buste gracieux qui paraissait trop comprimé par les mille raies du reps vert. Insouciante des hommages qu'elle recueillait, la jeune fille regardait avec une espèce d'anxiété le château des Tuileries, où semblait être le but de sa pétulante promenade.

Il était midi un quart. Malgré cette heure matinale, quelques femmes élégantes, qui toutes avaient épuisé les ressources de la coquetterie pour se montrer avec des toilettes aussi fraîches que le jour, revenaient du château, non sans retourner la tête d'un air boudeur comme si elles fussent venues trop tard pour jouir d'un spectacle long-temps désiré.

Quelques mots, échappés à la mauvaise humeur de ces belles promeneuses désappointées, et saisis au vol par la jolie inconnue, l'avaient singulièrement inquiétée. Le vieillard, épiant d'un œil encore plus observateur que sardonique les signes d'impatience et de crainte qui se jouaient sur le charmant visage de sa compagne, semblait méditer quelque dessin paternel

Ce jour était un dimanche, mais c'était le treizième dimanche de l'année 1813. Le surlendemain, Napoléon partait pour cette fatale campagne, pendant laquelle il devait perdre successivement Bessières et Duroc, gagner les mémorables batailles de Lutzen et de Bautzen, se voir trahi par l'Autriche, la Saxe, la Bavière, et Bernadotte. Un sentiment triste avait amené là cette brillante et curieuse population. Chacun paraissait deviner l'avenir, et toutes les imaginations pressentaient peut-être que, plus d'une fois, elles auraient à retracer le mystérieux souvenir de cette scène, quand ces temps héroïques de la France auraient pris des teintes fabuleuses.

La magnifique parade que l'empereur Napoléon allait commander devait être la dernière de celles qui excitèrent si long-temps l'admiration des Parisiens et des étrangers. C'était pour la dernière fois que la vieille garde exécuterait les savantes manœuvres dont la pompe et la précision étonnaient quelquefois même ce géant, qui s'apprêtait alors à son duel avec l'Europe.

— Allons donc plus vite, mon père! disait la jeune fille avec un air de lutinerie en entraînant le vieillard. J'entends les tambours.

— Ce sont les troupes qui viennent, répondit-il.

— Ou qui défilent!... Tout le monde revient! répliqua-t-elle avec une amertume enfantine qui fit sourire le vieillard.

— La parade ne commence qu'à midi et demi!... dit le père qui marchait presqu'en arrière de la petite personne impatiente.

A voir le mouvement que la jeune fille imprimait à son bras droit, on eût dit qu'elle s'en aidait pour courir; et sa petite main, couverte d'un gant jaune, et tenant un mouchoir blanc à demi déplié, ressemblait à la rame d'une barque qui fend les ondes.

Le vieillard souriait par momens ; mais parfois aussi une expression soucieuse passait sur sa figure desséchée. Son amour pour cette ravissante créature lui faisait autant admirer le présent que craindre l'avenir. Il semblait se dire tour à tour :

— Elle est heureuse et belle !... le sera-t-elle toujours ?

Les vieillards sont assez enclins à doter de leurs chagrins présens l'avenir des jeunes gens.

Quand le père et la fille arrivèrent au péristyle du pavillon sur le haut duquel flottait le drapeau tricolore, et sous lequel passent les promeneurs qui veulent se rendre du jardin des Tuileries dans la cour, les factionnaires crièrent d'une voix grave :

— On ne passe plus !

La jeune fille, se haussant sur la pointe des

pieds, aperçut une foule de jolies femmes parées et de jeunes gens bien mis, qui encombraient les deux côtés de la vieille arcade en marbre par où l'empereur devait sortir en descendant le grand escalier des Tuileries.

— Tu le vois bien, mon père, nous sommes partis trop tard! C'est de ta faute!

Et elle faisait une petite moue chagrine, qui annonçait toute l'importance qu'elle avait mise à voir cette revue.

— Eh bien, Julie, allons-nous-en ... tu n'aimes pas à être foulée...

— Restons, mon père. D'ici, je puis encore apercevoir l'empereur. S'il périssait pendant la campagne, je ne l'aurais jamais vu!...

Le père tressaillit en entendant ces paroles. Sa fille avait des larmes dans la voix ; il crut même remarquer que ses paupières ne retenaient pas sans peine des pleurs qu'un chagrin secret y faisait couler.

Tout-à-coup cette limpide humidité se sécha. La jeune personne rougit, et jeta une exclamation dont le sens ne fut compris ni par les sentinelles, ni par son père. A ce petit cri d'oiseau effarouché, un officier, qui s'élançait de la cour vers l'escalier dont il avait déjà monté deux marches, se retourna vivement. Il s'avança jusqu'à l'arcade du jardin, et reconnut la jeune fille, un moment cachée par les gros bonnets à poils des grenadiers. Aussitôt, il fit fléchir, pour elle et pour son père, la consigne qu'il avait donnée lui-même; et, sans se mettre en peine des murmures de la foule élégante qui assiégeait l'arcade, il attira doucement à lui la jeune personne enchantée.

— Je ne m'étonne plus de sa colère et de son empressement, puisque tu étais de service ! dit le vieillard à l'officier d'un air aussi sérieux que railleur.

— Monsieur, répondit le jeune homme, si vous voulez être bien placés, ne nous amusons pas à plaisanter. — L'empereur n'aime pas à attendre, et c'est moi qui suis chargé d'avertir le maréchal.

Tout en parlant, il avait pris, avec une sorte

de familiarité, le bras de Julie, et l'entraînait rapidement vers le Carrousel.

Julie aperçut avec étonnement une foule immense qui se pressait dans le petit espace compris entre les murailles grises du palais et ces bornes, réunies par des chaînes, qui dessinent de grands carrés sablés au milieu de la cour des Tuileries. Cette bordure d'hommes et de femmes ressemblait à une plate-bande émaillée de fleurs. Le cordon de sentinelles, établi pour laisser un passage libre à l'empereur et à son état-major, avait beaucoup de peine à ne pas être débordé par cette foule empressée, qui bourdonnait comme les essaims d'une ruche.

— Cela sera donc bien beau?... demanda Julie en souriant.

— Prenez donc garde!... s'écria l'officier.

Et, saisissant la jeune fille par la taille, il la souleva avec autant de vigueur que de rapidité, pour la transporter près d'une colonne.

Sans ce brusque enlèvement, la curieuse

jeune fille allait être froissée par la croupe d'un superbe cheval blanc, harnaché d'une selle de velours vert et or, que le Mameluck de Napoléon tenait par la bride, presque sous l'arcade, à dix pas en arrière de tous les chevaux qui attendaient les grands-officiers dont l'empereur devait être accompagné.

Ce fut auprès de la première borne de droite, et devant la foule, que le jeune homme plaça le vieillard et sa fille, en les recommandant par un signe de tête aux deux vieux grenadiers entre lesquels ils se trouvèrent.

Quand l'officier s'échappa, un air de bonheur et de joie avait succédé sur sa figure à l'effroi subit que la reculade du cheval y avait imprimé ; mais aussi Julie lui avait serré mystérieusement la main, soit pour le remercier du petit service qu'il venait de lui rendre, soit pour lui dire : — Enfin je vais donc vous voir !... Elle inclina même doucement la tête en réponse au salut respectueux que l'officier lui fit, ainsi qu'à son père, avant de disparaître avec prestesse.

Il semblait que le vieillard eût à dessein laissé

les deux jeunes gens ensemble. Restant un peu en arrière de sa fille, dans une attitude grave, il observait tout à la dérobée, essayant de lui inspirer une fausse sécurité, en lui faisant croire qu'il était absorbé dans la contemplation du magnifique spectacle offert à sa vue.

Quand sa fille reporta sur lui le regard d'un écolier inquiet de son maître, il lui répondit même par un sourire de gaieté bienveillante, qui semblait lui être familier; mais son œil gris et perçant avait suivi l'officier jusque sous l'arcade, et aucun évènement de cette scène rapide ne lui avait échappé.

— Que c'est beau!... dit Julie à voix basse en pressant la main de son père.

L'aspect pittoresque et grandiose que présentait en ce moment le Carrousel faisait prononcer cette exclamation par des milliers de spectateurs dont toutes les figures étaient béantes d'admiration.

Une autre rangée de monde, tout aussi pressée que celle dont le vieillard et sa fille faisaient partie, occupait, sur une ligne parallèle au château, l'espace étroit et pavé qui longe la grille du Carrousel. Cette foule achevait de dessiner fortement, par la variété de toutes les toilettes féminines, l'immense carré long que forment les bâtimens des Tuileries, au moyen de cette grille alors nouvellement construite.

C'était dans ce vaste carré que se tenaient les régimens de la vieille garde qui allaient être passés en revue. Il présentaient en face du palais d'importantes lignes bleues de vingt rangs de profondeur. Au-delà de l'enceinte, et dans le Carrousel, se trouvaient sur d'autres lignes parallèles, plusieurs régimens d'infanterie et de cavalerie prêts, au moindre signal, à manœuvrer pour passer sous l'arc triomphal qui orne le milieu de la grille, et sur le haut duquel se voyaient, à cette époque, les magnifiques chevaux de Venise. La musique des régimens avait été se placer de chaque côté des galeries du Louvre, et ces deux orchestres militaires y étaient masqués par les lanciers polonais de service. Une grande partie du carré sablé restait vide comme une arène préparée pour les mouvemens de tous ces corps silencieux. Ces masses, disposées avec la symétrie de l'art militaire, réfléchissaient les rayons du soleil par le feu triangulaire de dix mille baïonnettes étincelantes. L'air agitait tous les plumets des soldats en les faisant ondoyer comme les arbres d'une forêt courbés sous un vent impétueux. Ces vieilles bandes, muettes et brillantes, offraient mille constrastés de couleurs dus à la diversité des uniformes, des paremens, des armes et des aiguillettes. Cet immense tableau, miniature d'un champ de bataille avant le combat, était admirablement encadré, avec tous ses accessoires et ses accidens bizarres, par ces hauts bâtimens majestueux, dont chefs et soldats imitaient en ce moment l'immobilité. Le spectateur comparait involontairement ces murs d'hommes à ces murs de pierre.

Le jeune soleil du printemps illuminait de ses jets capricieux, et les murs blancs bâtis de la veille, et les murs séculaires, et ces innombrables figures basanées dont chacune racontait des périls passés. Les colonels de chaque régiment allaient et venaient seuls devant les fronts que formaient ces hommes héroïques ; mais derrière les masses carrées de ces troupes bariolées d'argent, d'azur, de pourpre et d'or, les curieux pouvaient apercevoir les banderoles tricolores attachées aux lances de six infatigables cavaliers polonais, qui, semblables aux chiens conduisant un troupeau le long d'un champ, voltigeaient sans cesse entre les troupes et les Parisiens, pour empêcher ces derniers de dépasser le petit espace de terrain qui leur était concédé auprès de la grille impériale.

A ces mouvemens près, on aurait pu se croire dans le palais de la Belle au bois dormant.

Les brises du printemps, passant sur les bonnets à longs poils des grenadiers, attestaient l'immobilité des soldats, de même que le murmure sourd de la foule accusait leur silence. Parfois seulement le retentissement d'un chapeau chinois, ou un léger coup frappé par inadvertance sur une grosse caisse sonore, était répété par les échos du palais impérial, et ressemblait à ces coups de tonnerre lointains qui annoncent un orage.

Un enthousiasme indescriptible éclatait dans

l'attente de la multitude. La France allait faire ses adieux à Napoléon, à la veille d'une campagne dont le moindre citoyen prévoyait les dangers. Il s'agissait, cette fois, pour l'empire français, d'être ou de ne pas être.

Cette pensée semblait animer toute la population citadine et toute la population armée, qui se taisaient dans l'enceinte où planaient l'aigle et le génie de Napoléon.

Ces soldats, espoir de la France, ces soldats, sa dernière goutte de sang, entraient pour beaucoup dans la silencieuse et inquiète curiosité des spectateurs. Entre la plupart des assistans et des soldats, il se disait des adieux peut-être éternels ; mais tous les cœurs, même les plus hostiles à l'empereur, adressaient au ciel des vœux ardens pour la gloire de la patrie. Les hommes les plus fatigués de la lutte commencée entre l'Europe et la France avaient déposé leurs haines en passant sous l'arc de triomphe, comprenant qu'au jour du danger, Napoléon, c'était la France.

L'horloge du château sonna une demi-heure.

En ce moment les bourdonnemens de la foule cessèrent, et le silence devint si profond, que l'on eût entendu la parole d'un enfant.

Ce fut alors que le vieillard et sa fille, qui semblaient ne vivre que des yeux, purent distinguer un bruit d'éperons, un cliquetis d'épées tout particulier, qui retentit sous le sonore péristyle du château.

Un petit homme, vêtu d'un uniforme vert, d'un pantalon blanc, et chaussé de bottes à l'écuyère, parut tout-à-coup en gardant sur sa tête un chapeau à trois cornes aussi prestigieux qu'il l'était lui-même. Le large ruban rouge de la Légion-d'Honneur flottait sur sa poitrine. Une petite épée était à son côté.

Il fut aperçu par tout le monde, et de tous les points à la fois.

A son aspect, les tambours battirent aux champs, et les musiques débutèrent par une phrase dont l'expression guerrière employa tous les instrumens, depuis la grosse caisse jusqu'à la plus douce des flûtes. A leurs sons belliqueux les âmes tressaillirent, les drapeaux saluèrent, les soldats portèrent les armes par un mouvement unanime et régulier, qui agita les fusils retentissans depuis le premier rang jusqu'au dernier qu'on pût apercevoir dans le Carrousel; des mots de commandement se répétèrent comme des échos; et des cris de : Vive l'empereur!... furent poussés par la multitude enthousiasmée; tout remua, tout s'ébranla, tout frissonna.

Napoléon était monté à cheval ; et ce mouvement avait imprimé la vie et le mouvement à ces masses silencieuses, avait donné une voix aux instrumens, une ondulation aux aigles et aux drapeaux, une émotion à toutes les figures. Les murs même des hautes galeries de ce vieux palais semblaient crier: Vive l'empereur! Ce n'était pas quelque chose d'humain, c'était une magie, un simulacre de la puissance divine, ou mieux une fugitive image de ce règne si fugitif.

L'homme entouré de tant d'amour, d'enthousiasme, de dévouement, de vœux, pour qui le soleil même avait chassé le nuages du ciel, resta immobile sur son cheval, à trois pas en avant du petit escadron doré qui le suivait, ayant le grand-maréchal à sa gauche, le maréchal de service à sa droite. Au sein de tant d'émotions excitées par lui, aucun trait de son visage ne s'émut.

— Oh! mon Dieu, oui. Il était comme ça à Wagram, au milieu du feu, et à la Moscowa, parmi les morts; —toujours tranquille comme Baptiste!

Cette réponse à de nombreuses interrogations était faite par le grenadier qui se trouvait auprès de la jeune fille.

Julie fut pendant un moment absorbée par la contemplation de cette figure, dont le calme indiquait une si grande sécurité de puissance. Elle vit l'empereur se penchant vers Duroc, auquel il dit une phrase courte qui fit sourire le grand-maréchal.

Les manœuvres commencèrent. Alors la jeune personne, qui, jusqu'à ce moment, partageait son attention entre la figure impassible de Napoléon et les lignes bleues, vertes et rouges des troupes, ne vit plus, au milieu de tous les mouvemens rapides et réguliers exécutés par ces vieux soldats, qu'un jeune officier courant à cheval parmi les lignes mouvantes, et revenant avec une infatigable activité vers le groupe doré à la tête duquel brillait Napoléon.

Cet officier était l'amant de la jeune fille. Il montait un superbe cheval noir, et se faisait distinguer, au sein de cette multitude chamarrée, par le brillant uniforme des officiers d'ordonnance de l'empereur. Le soleil rendait ses broderies si éclatantes, il communiquait une lueur si forte à l'aigrette qui surmontait son petit shako étroit et long, qu'il ressemblait à un feu follet qui aurait voltigé sur ces bataillons, dont les baïonnettes et les armes ondoyantes jetaient des flammes, quand les ordres répétés de l'empereur les brisaient ou les rassemblaient, et les obligeaient soit à tournoyer comme les ondes d'un gouffre, soit à passer devant lui comme ces lames longues, droites, hautes et séparées que l'Océan courroucé envoie vers ses rivages.

Ces savantes manœuvres n'attiraient point les regards de Julie. Pour elle, l'officier était toute l'armée; et, de toutes ces figures graves qui apparaissaient par masses, une seule l'occupait.

Quand les évolutions des régimens qui manœuvraient furent terminées, l'officier d'ordonnance accourut à bride abattue, et s'arrêta devant l'empereur, comme pour en attendre l'ordre du départ.

En ce moment, il était à vingt pas de Julie, en face du groupe impérial, dans une attitude assez semblable à celle que Gérard a donnée au général Rapp, dans le tableau de la bataille d'Austerlitz. Alors, il fut permis à la jeune fille d'admirer son amant dans toute sa splendeur militaire. Le capitaine Victor d'Aiglemont avait à peine trente ans. Il était grand, bien fait, svelte, et ses heureuses proportions ne ressortaient jamais mieux que quand il employait sa force à gouverner un cheval dont le dos élégant et souple paraissait plier sous lui. Sa figure mâle et brune avait ce charme inexplicable qu'une parfaite régularité de traits communique à de jeunes visages. Son front était large et haut. Ses yeux de feu, ombragés de sourcils épais et bordés de longs cils, se dessinaient comme deux ovales blancs entre deux lignes noires. Son nez offrait la gracieuse courbure d'un bec d'aigle. La pourpre de ses lèvres était rehaussée par les sinuosités d'une inévitable moustache noire. Ses joues larges et fortement colorées offraient des tons bruns et jaunes qui dénotaient une vigueur extraordinaire. C'était une de ces figures marquées du sceau de la bravoure et prédestinées aux combats ; en un mot, c'était le type de toutes celles qui viennent s'offrir aux pinceaux de l'artiste quand, aujourd'hui encore, il songe à représenter un des soldats de la France impériale.

Le cheval trempé de sueur, et dont la tête agitée exprimait une extrême impatience, avait ses deux pieds de devant écartés et arrêtés sur une même ligne, sans que l'un dépassât l'autre. Il faisait flotter les longs crins de sa queue noire et fournie, et ne paraissait pas moins dévoué à son maître que son maître l'était à l'empereur. En voyant son amant si occupé à saisir les regards de Napoléon, Julie éprouva un moment de jalousie, car elle pensa qu'il ne l'avait pas encore regardée.

Tout-à-coup, un mot est prononcé par le souverain, Victor a pressé les flancs de son cheval; il est parti au galop ; mais l'ombre d'une borne projetée sur le sable effraie le noble animal; il s'effarouche, il se dresse, il recule, et si brusquement, que le cavalier semble en danger. Julie jette un cri, elle pâlit; tout le monde la regarde avec curiosité; elle ne voit personne ; ses yeux sont attachés sur ce cheval trop fougueux que l'officier châtie en courant distribuer les ordres de Napoléon.

Pendant que ces évènemens se passaient, la jeune fille avait saisi le bras de son père; elle s'y était cramponnée sans savoir qu'elle le tenait, tant un sentiment profond et indéfinissable l'absorbait dans la contemplation de ces tableaux étourdissans et harmonieux. Involontairement, elle révélait ainsi à son père toutes les pensées dont elle était agitée, par la pression plus ou moins vive que ses jeunes doigts faisaient subir au bras qu'elle tourmentait. Quand Victor fut sur le point d'être renversé par le cheval, elle s'accrocha plus violemment encore à son père, comme si elle eût été elle-même en danger de tomber de cheval.

Le vieillard contempla, avec une sombre et douloureuse inquiétude, le visage frais et épanoui de sa fille. Des sentimens de pitié, de jalousie et d'amour, des regrets même se glissèrent dans toutes ses rides contractées. Mais quand les sourires qui pliaient et dépliaient les petites lèvres rouges de sa fille, et quand ses yeux brillans, dans le cristal desquels le mouvement de bataillons en marche semblait se reproduire, lui dévoilèrent un amour qu'il soupçonnait déjà, il dut avoir de bien tristes révélations de l'avenir, car sa figure offrit alors une impression sinistre.

En ce moment, Julie ne vivait que de la vie du beau militaire. Une pensée plus cruelle que toutes celles qui avaient effrayé le vieillard crispa tous les traits de son visage souffrant, quand il vit le capitaine d'Aiglemont échanger, en passant devant eux, un regard d'intelligence avec Julie, dont les yeux étaient humides, et dont le teint avait contracté une vivacité extraordinaire. Alors il emmena brusquement sa fille dans le jardin des Tuileries.

— Mais, mon père, disait-elle, il y a encore sur la place du Carrousel des régimens qui vont manœuvrer...

— Non, mon enfant, toutes les troupes défilent...

— Je pense, mon père, que vous vous trompez, car M. d'Aiglemont a dû les faire avancer...

— Mais moi, ma fille, je souffre!...

Julie n'eut pas de peine à croire son père quand elle eut jeté les yeux sur ce visage, auquel de paternelles inquiétudes donnaient un air abattu.

— Souffrez-vous beaucoup?... demanda-t-elle avec indifférence, tant elle était préoccupée.

— Chaque jour n'est-il pas un jour de grâce pour moi?... répondit le vieillard.

— Ah! vous allez encore m'affliger en me parlant de votre mort! J'étais si gaie!... Voulez-vous bien chasser vos vilaines idées noires...

— Ah! s'écria le père en poussant un soupir, enfant gâté!... Les meilleurs cœurs sont quelquefois bien cruels!... Vous consacrer notre vie, ne penser qu'à vous ou à votre bien-être, sacrifier nos goûts à vos fantaisies, vous adorer, vous donner même notre sang!... ce n'est donc rien! Vous acceptez tout avec insouciance; et, pour toujours obtenir vos sourires et votre dédaigneux amour, il faudrait avoir la puissance de Dieu! Puis enfin, un autre arrive! Un amant, un mari nous ravissent vos cœurs!...

Julie regarda son père avec étonnement. Il marchait lentement, et jetait sur elle des regards sans lueur.

— Vous vous cachez même de nous... reprit-il, mais peut-être aussi de vous-même...

— Que dis-tu donc, mon père?

— Je pense, Julie, que vous avez des secrets pour moi.....

Elle rougit.

— Tu aimes!... reprit vivement le vieillard. Ah! j'espérais te voir jusqu'à ma mort fidèle à ton vieux père, j'espérais te conserver devant moi heureuse et brillante! t'admirer comme tu étais encore naguère. En ignorant ton sort, j'aurais pu croire à un avenir tranquille pour toi; mais maintenant il est impossible que j'emporte une espérance de bonheur pour ta vie, car tu aimes encore plus le colonel que le cousin!... Je n'en puis plus douter...

— Pourquoi ne l'aimerais-je pas?... s'écria-t-elle avec une vive expression de curiosité.

— Ah! ma Julie! tu ne me comprendrais pas!... répondit le père en soupirant.

— Dites toujours... reprit-elle en laissant échapper un mouvement de mutinerie.

— Eh bien! mon enfant, écoute-moi : les

jeunes filles se créent souvent des images nobles et ravissantes, des figures idéales ; elles se forgent des idées chimériques sur les hommes, sur leurs sentimens, sur le monde; puis elles attribuent à leur insu toutes les perfections qu'elles ont rêvées à un caractère, et s'y confient; elles aiment ou croient aimer cette créature imaginaire; et, plus tard, quand il n'est plus temps de s'affranchir du malheur, la trompeuse apparence qu'elles ont embellie, l'amant enfin, se change en un squelette odieux.

— Julie, j'aimerais mieux te savoir amoureuse d'un vieillard plutôt que de te voir aimée par le colonel. Ah! si tu pouvais te placer à dix ans d'ici dans la vie, tu rendrais justice à mon expérience. Je connais Victor. Sa gaieté est une gaieté sans esprit, une gaieté de caserne. Il est sans moyens, dépensier. C'est un de ces hommes que le ciel a fabriqués pour prendre et digérer quatre repas par jour, dormir, aimer la première venue, et se battre. Il n'entend pas la vie. Son bon cœur, car il a bon cœur, l'entraînera peut-être à donner sa bourse à un malheureux, à un camarade; mais il est insouciant, mais il n'est pas doué de cette délicatesse de cœur qui nous rend esclaves du bonheur d'une femme; mais il est ignorant, égoïste... — Il y a beaucoup de *mais*.

— Cependant, mon père, il faut bien qu'il ait de l'esprit et des moyens pour avoir été fait colonel...

— Ma chère, Victor restera colonel toute sa vie... — Je n'ai encore vu personne qui m'ait paru digne de toi!... reprit le vieux père avec une sorte d'enthousiasme.

Il s'arrêta un moment, contempla sa fille, et ajouta :

— Mais, ma pauvre Julie, tu es encore trop jeune, trop faible, trop délicate pour supporter les chagrins et les tracas du mariage. D'Aiglemont a été gâté par ses parens, de même que tu l'as été par moi et par ta mère : or, comment espérer que vous pourrez vous entendre tous deux avec des volontés différentes dont les tyrannies sont inconciliables? — Tu es douce et modeste, tu as, dit-il d'une voix altérée, une délicatesse et une grâce de sentiment...

Il n'acheva pas, car les larmes le gagnèrent.

— Victor, reprit-il, blessera toutes les qualités naïves de ta jeune âme!... Je connais les militaires, ma Julie. — J'ai vécu aux armées. — Il est rare que leur cœur puisse triompher des habitudes produites ou par les malheurs au sein desquels ils vivent, ou par les hasards de leur vie aventurière.

— Vous voulez donc, mon père, répliqua Julie d'un ton qui tenait le milieu entre le sérieux et la plaisanterie, contrarier mes sentimens?... me marier pour vous, et non pour moi?...

— Te marier pour moi!... s'écria le père avec un mouvement de surprise, pour moi, ma fille, dont tu n'entendras bientôt plus la voix grondeuse et amicale!... J'ai toujours vu les enfans attribuer à un sentiment de satisfaction personnelle tous les sacrifices que leur font les parens! Épouse Victor, ma Julie, et un jour tu déploreras amèrement sa nullité, son défaut d'ordre, son égoïsme, son indélicatesse, son ineptie en amour, et mille autres chagrins qui te viendront par lui. — Alors, souviens-toi que, sous ces arbres, la voix prophétique de ton vieux père a retenti vainement à tes jeunes oreilles !

Le vieillard se tut; car il avait surpris sa fille agitant la tête d'une manière mutine. Ils firent ensemble quelques pas vers la grille où leur voiture était arrêtée; et, pendant cette marche silencieuse, la jeune fille quitta insensiblement sa mine boudeuse en examinant à la dérobée le visage de son père. Une profonde douleur était gravée sur ce front penché.

— Je vous promets, mon père, dit-elle d'une voix douce et altérée, de ne pas vous parler d'épouser Victor avant que vous ne soyez revenu de vos préventions contre lui.

Le vieillard regarda sa fille avec étonnement. Deux larmes qui roulaient dans ses yeux tombèrent le long de ses joues ridées. Ne pouvant embrasser Julie devant la foule dont ils étaient environnés, il pressa tendrement la douce main qu'il tenait. Quand il remonta en voiture, toutes les pensées soucieuses qui s'étaient amassées sur son front avaient complètement disparu.

L'attitude un peu triste de sa fille l'inquiétait bien moins que la joie innocente dont elle avait trahi le secret pendant la revue.

LA FEMME.

Dans les premiers jours du mois de mars 1814, un peu moins d'un an après la revue de l'empereur, une vieille calèche roulait sur la levée d'Amboise à Tours.

En quittant le dôme vert des noyers sous lesquels la poste de la Frillière est cachée, la voiture fut entraînée avec une telle rapidité, qu'en moins d'une minute elle arriva au pont bâti sur la Cise à son embouchure dans la Loire. Mais l'équipage s'arrêta là, car un trait venait de se briser par suite du mouvement impétueux que, sur l'ordre de son maître, un jeune postillon avait imprimé à quatre des plus vigoureux chevaux du relais.

Ainsi, par un effet du hasard, deux personnes qui se trouvaient dans la calèche eurent le loisir de contempler, à leur réveil, un des plus beaux sites que puissent présenter les séduisantes rives de la Loire.

A sa droite, le voyageur embrasse d'un regard toutes les sinuosités décrites par la Cise, qui se roule, comme un serpent argenté, dans l'herbe des prairies les plus opulentes, et auxquelles les premières pousses du printemps donnaient alors les vives couleurs de l'émeraude.

A gauche, la Loire apparaît dans toute sa magnificence. Les innombrables facettes de quelques *roulées*, produites par une brise matinale un peu froide, réfléchissaient les scintillemens du soleil sur les vastes nappes que déploie cette majestueuse rivière. Puis, çà et là, des îles verdoyantes se succèdent, dans l'étendue des eaux, comme les chatons d'un collier.

De l'autre côté du fleuve, les plus belles campagnes de la Touraine déroulent leurs trésors à perte de vue; car l'œil n'a, dans le lointain, d'autres bornes que les collines du Cher, chargées de châteaux; et dont les cimes dessinaient en ce moment des lignes lumineuses sur le transparent azur d'un beau ciel.

A travers le tendre feuillage des îles, au fond du tableau, Tours semble, comme Venise, sortir du sein des eaux ; et les campanilles grises de sa vieille cathédrale s'élancent dans les airs, où elle se confondaient alors avec les créations fantastiques de quelques nuages blanchâtres.

Mais un peu au-delà du pont sur lequel la voiture était arrêtée, le voyageur aperçoit devant lui, et tout le long de la Loire jusqu'à Tours, une chaîne de rochers qui, par une fantaisie de la nature, paraît avoir été posée pour encaisser le fleuve. Cette longue barrière, dont la Loire semble vouloir ronger la base, présente un spectacle qui fait toujours l'étonnement du voyageur. En effet, le village de Vouvray se trouve comme niché dans les gorges et les éboulemens de ces rochers, qui commencent à décrire un coude à cet endroit; et, depuis Vouvray jusqu'à Tours, cette chaîne de montagnes, dont les anfractuosités ont quelque chose d'effrayant, est habitée par une population de vignerons. En plus d'un endroit, il n'y a pas moins de trois étages de demeures creusées dans le roc, et réunies par de dangereux escaliers taillés dans la pierre blanche. Au sommet d'un toit, une jeune fille en jupon rouge court à son jardin. La fumée d'une cheminée s'élève entre les sarmens et le pampre naissant d'une vigne. Des closiers labourent leurs champs perpendiculaires. Une vieille femme, tranquille sur un quartier de la roche éboulée, tourne son rouet sous les fleurs d'un amandier, et regarde passer les voyageurs à ses pieds, en souriant de leur effroi; car elle ne s'inquiète pas plus des crevasses du sol que de la ruine pendante d'un vieux mur, dont les assises ne sont plus retenues que par les tortueuses racines d'un manteau de lierre. Le marteau des tonneliers fait retentir les voûtes de caves aériennes. Enfin, la terre est partout cultivée et partout féconde là où la nature avait refusé de la terre à l'industrie humaine.

Aussi rien n'est-il comparable, dans le cours de la Loire, au riche panorama que la Touraine présente alors aux yeux du voyageur. Le triple tableau de cette scène, dont les aspects sont à peine indiqués, procure à l'âme un de ces spectacles qu'elle inscrit à jamais dans son souvenir; et quand un poète en a joui, ses rêves viennent souvent lui en reconstruire fabuleusement les effets romantiques.

Au moment où la voiture parvint sur le pont de la Cise, une douzaine de voiles blanches débouchèrent entre les îles de la Loire, et donnèrent une nouvelle harmonie à ce site merveilleux. La senteur des saules qui bordent le fleuve ajoutait de pénétrans parfums au goût de la brise humide; les oiseaux faisaient entendre leurs mélodieux concerts; et le chant monotone d'un gardeur de chèvres y joignait une sorte de mélancolie, tandis que les cris des mariniers annonçaient une agitation lointaine. De molles vapeurs, capricieusement arrêtées autour des arbres épars dans ce vaste paysage, y imprimaient une grâce indéfinissable. Enfin, c'était la Touraine dans toute sa gloire, le printemps dans toute sa splendeur.

Cette partie de la France, la seule dont les armées étrangères ne devaient point fouler les trésors, était en ce moment la seule qui fût tranquille, et l'on eût dit qu'elle défiait le malheur.

Une tête coiffée d'un bonnet de police se montra hors de la calèche aussitôt qu'elle ne roula plus. Bientôt un militaire impatient en ouvrit lui-même la portière, et sauta sur la route, comme pour aller quereller le postillon. L'intelligence avec laquelle le Tourangeau raccommodait le trait cassé rassura le comte d'Aiglemont, qui revint vers la portière en étendant ses bras comme pour en détirer les muscles endormis. Il bâilla, regarda le paysage; et, posant alors la main sur le bras d'une jeune femme soigneusement enveloppée dans un vitchoura, il lui dit d'une voix enrouée :

— Tiens, chérie, réveille-toi pour examiner le pays! Il est magnifique.

A ces mots, Julie avança la tête hors de la calèche. Un bonnet de martre lui servait de coiffure; et comme les plis du manteau fourré déguisaient entièrement ses formes, on ne pouvait voir que sa figure.

Julie d'Aiglemont ne ressemblait déjà plus à la jeune fille qui courait naguère avec joie et bonheur à la revue des Tuileries. Son visage, toujours délicat, était privé des couleurs roses qui lui donnaient jadis un si riche éclat, et les touffes noires de quelques cheveux défrisés par l'humidité de la nuit faisaient ressortir la blancheur mate de sa tête, dont la vivacité semblait engourdie. Cependant ses yeux brillaient d'un feu surnaturel; et, au-dessous de leurs paupières, quelques teintes violettes se dessinaient sur ses joues fatiguées. Elle examina d'un œil indifférent les campagnes du Cher, la Loire et ses îles, Tours et les longs rochers de Vouvray. Mais ne regardant même pas la ravissante vallée de la Cise, elle se rejeta promptement dans le fond de la calèche, et dit d'une voix qui, en plein air, paraissait d'une extrême faiblesse :

— Oui, c'est admirable !....

— Julie, n'aimerais-tu pas à vivre ici ?....

— Oh! là ou ailleurs!..... dit-elle avec insouciance.

— Souffres-tu?.... lui demanda le colonel d'Aiglemont d'un air inquiet.

—Oh non!... répondit la jeune femme avec une vivacité momentanée.

Elle contempla son mari en souriant, et ajouta :

— J'ai envie de dormir.

Le galop d'un cheval ayant retenti soudain, Victor d'Aiglemont laissa la main de sa femme, et tourna la tête vers le coude que la route fait en cet endroit. Au moment où Julie ne fut plus vue par le colonel, l'expression de gaieté qu'elle avait imprimée à son pâle visage disparut comme si une lueur eût cessé de l'éclairer. N'éprouvant ni le désir de revoir le paysage, ni la curiosité de savoir quel était le voyageur dont le cheval galopait dans le lointain, elle se replaça dans le coin de la calèche, et ses yeux se fixèrent sur la croupe des chevaux, sans trahir aucune espèce de sentiment. Elle avait l'air aussi stupide que peut l'avoir un paysan écoutant le prône de son curé.

Un jeune homme, monté sur un cheval de prix, sortit tout-à-coup d'un bouquet de peupliers et d'aubépines en fleurs.

— C'est un Anglais !... dit le colonel.

— Oh! mon Dieu, oui, mon général! répliqua le postillon ; c'est un de ces gars qui veulent manger la France, à ce qu'on dit.

Le colonel garda le silence.

L'inconnu était un de ces voyageurs qui se trouvèrent sur le continent lorsque Napoléon arrêta tous les Anglais, en représailles de l'attentat commis envers le droit des gens par le cabinet de Saint-James lors de la rupture du traité d'Amiens.

Soumis à tous les caprices du pouvoir impérial, ces prisonniers ne restèrent pas tous dans les résidences où ils furent saisis, ou dans celles qu'ils eurent d'abord la liberté de choisir. La plupart de ceux qui habitaient en ce moment la Touraine y avaient été transférés de divers points de l'empire, où leur séjour avait paru compromettre les intérêts de la politique continentale.

Le jeune captif qui promenait en ce moment son ennui matinal était lui-même une victime de la puissance bureaucratique ; car, depuis peu de mois, un ordre parti du ministère des relations extérieures l'avait arraché au climat de Montpellier, où la rupture de la paix le surprit autrefois cherchant à se guérir d'une affection pulmonaire.

Du moment où ce jeune homme reconnut un militaire dans la personne du comte d'Aiglemont, il s'empressa d'en éviter les regards en tournant assez brusquement la tête vers les prairies de la Cise.

— Tous ces Anglais sont insolens comme si le globe leur appartenait ! dit le colonel en murmurant. Heureusement Soult va leur donner les étrivières.

Quand le prisonnier passa devant la calèche,

il y jeta les yeux. Alors, malgré la brièveté de son regard, il put admirer l'expression de mélancolie qui donnait à la figure pensive de la comtesse je ne sais quel attrait indéfinissable. Il y a beaucoup d'hommes dont le cœur est puissamment ému par l'apparence même de la souffrance chez une femme; et, pour eux, la douleur semble être une promesse de constance ou d'amour.

Entièrement absorbée dans la contemplation d'un coussin de sa calèche, Julie ne fit attention ni au cheval ni au cavalier.

Le trait ayant été solidement et promptement rajusté, le comte remonta en voiture. Le postillon, s'efforçant de regagner le temps perdu, mena rapidement les deux voyageurs sur la partie de la levée que bordent les rochers suspendus au sein desquels mûrissent les vins de Vouvray, d'où s'élancent tant de jolies maisons, et où apparaissent, dans le lointain, les ruines de cette si célèbre abbaye de Marmoutiers, la retraite de Saint-Martin.

— Que nous veut donc ce milord diaphane?...

s'écria le colonel en tournant la tête pour s'assurer que le cavalier qui, depuis le pont de la Cise, suivait sa voiture, était le jeune Anglais.

Comme l'inconnu ne violait aucune convenance de politesse en se promenant sur la berme de la levée, le colonel se remit dans le coin de sa calèche, après avoir jeté un regard menaçant sur l'Anglais; mais il ne put, malgré son involontaire inimitié, s'empêcher de remarquer la beauté du cheval et la grâce du cavalier.

Le jeune homme avait une de ces figures britanniques dont le teint est si fin, la peau si douce et si blanche, qu'on est quelquefois tenté de supposer qu'elles appartiennent au corps délicat d'une jeune fille. Il était blond, mince et grand. Son costume avait ce caractère de recherche et de propreté qui distingue les fashionables de la prude Angleterre. On eût dit qu'il rougissait plutôt de pudeur que de plaisir à l'aspect de la comtesse. Une seule fois Julie leva les yeux sur l'étranger; mais elle y fut en quelque sorte obligée par son mari, qui voulait lui faire admirer les jambes fines d'un cheval de race pure.

Les yeux de Julie rencontrèrent alors ceux du timide Anglais; et, dès ce moment, le gentilhomme, au lieu de faire marcher son cheval près de la calèche, la suivit à quelques pas de distance en arrière.

A peine la comtesse regarda-t-elle l'inconnu. N'apercevant aucune des perfections humaines et chevalines qui s'offraient à sa vue, elle se rejeta au fond de la voiture, après avoir laissé échapper un léger mouvement de sourcils, comme pour approuver son mari.

Là-dessus, le colonel se rendormit, et les deux époux arrivèrent à Tours sans s'être dit une seule parole, et sans que les ravissans paysages de la changeante scène au sein de laquelle ils voyagèrent attirassent une seule fois l'attention de Julie. Quand son mari sommeilla, elle le contempla à plusieurs reprises. Au dernier regard qu'elle lui jeta, un cahot ayant fait tomber sur les genoux de la jeune femme un médaillon suspendu à son cou par une chaîne de deuil, le portrait de son père lui apparut soudain. A cet aspect, des larmes, jusque-là réprimées, roulèrent dans ses yeux.

L'Anglais vit peut-être les traces humides et brillantes que ces pleurs laissèrent un moment sur les joues pâles de la comtesse, mais que l'air sécha promptement.

Chargé par l'empereur de porter des ordres au maréchal Soult, qui avait à défendre la France de l'invasion faite par les Anglais dans le Béarn, le colonel d'Aiglemont profitait de sa mission pour soustraire sa femme aux dangers dont Paris était alors menacé, et il la conduisait à Tours chez une vieille parente à lui.

Bientôt la voiture roula sur le pavé de Tours, sur le pont, dans la rue, et bientôt elle s'arrêta devant l'hôtel antique où demeurait la ci-devant marquise de Belorgey.

C'était une de ces belles vieilles femmes, au teint pâle, à cheveux blancs, qui ont un sourire fin, qui semblent porter des paniers, et dont la tête est couronnée d'un bonnet dont la mode est inconnue. Portraits septuagénaires du siècle de Louis XV, ces femmes sont presque toujours caressantes, comme si elles aimaient encore; moins pieuses que dévotes, et moins dévotes qu'elles n'en ont l'air; toujours exhalant la poudre à la maréchale, contant bien, causant mieux, et riant plutôt d'un souvenir que d'une plaisanterie ; l'actualité leur déplaît.

Quand une vieille femme de chambre vint annoncer à la marquise (car elle devait bientôt reprendre son titre) la visite d'un neveu qu'elle n'avait pas vu depuis le commencement de la guerre d'Espagne, elle ôta vivement ses lunettes, ferma la *Galerie de l'ancienne Cour*, son livre favori; puis, retrouvant une sorte d'agilité, elle arriva sur son perron au moment où Victor et Julie en montaient les marches.

Les deux femmes se jetèrent un rapide coup-d'œil.

— Bonjour, ma chère tante, s'écria le colonel en saisissant la marquise, et l'embrassant avec précipitation. Je vous amène une jeune personne à garder. Je viens vous confier mon trésor; ma Julie n'est ni coquette ni jalouse; elle a une douceur d'ange... Mais elle ne se gâtera pas ici, j'espère!... dit-il en s'interrompant.

4.

— Mauvais sujet!... répondit la marquise en lui lançant un regard moqueur.

Puis elle s'offrit, la première, avec une certaine grâce aimable, à embrasser Julie, qui restait passive, et paraissait plus embarrassée que curieuse.

— Nous allons faire connaissance, ma chère petite belle, reprit la marquise ; et ne vous effrayez pas trop de moi; je tâche de n'être jamais vieille avec les jeunes gens.

Avant d'arriver au salon, la marquise avait déjà, suivant l'habitude des provinces, commandé à déjeûner pour ses deux hôtes; mais le comte arrêta l'éloquence de sa tante en lui disant d'un ton sérieux qu'il ne pouvait pas lui donner plus de temps que la poste n'en mettrait à relayer.

Les trois parens entrèrent donc au plus vite dans le salon, et le colonel eut à peine le temps de raconter à la marquise les évènemens politiques et militaires qui l'obligeaient à lui demander un asile pour sa jeune femme.

Pendant le récit, la tante regardait alternativement et son neveu, qui parlait sans être interrompu, et sa nièce, dont elle attribua la pâleur et la tristesse à cette séparation forcée. Elle avait l'air de se dire :

— Hé, hé! ces jeunes gens-là s'aiment!

En ce moment, des claquemens de fouet retentirent dans la vieille cour silencieuse, dont les pavés étaient dessinés par des bouquets d'herbes; alors Victor, embrassant derechef la marquise, s'élança hors du logis.

— Adieu, ma chère, dit-il en embrassant sa jeune femme qui l'avait suivi jusqu'à la voiture.

— Oh! Victor, laisse-moi t'accompagner plus loin encore, dit-elle d'une voix caressante; je ne voudrais pas te quitter...

— Y penses-tu?...

— Eh bien ! répliqua Julie, adieu! puisque tu le veux.

La voiture disparut.

— Vous aimez donc bien mon pauvre Victor? demanda la marquise à sa nièce, dont elle interrogea les yeux par un de ces savans regards que les vieilles femmes jettent aux jeunes.

— Hélas! madame, répondit Julie, ne faut-il pas bien aimer un homme pour l'épouser!

Cette dernière phrase fut accentuée par un ton de naïveté qui trahissait tout à la fois un cœur pur et de profonds mystères ; il était difficile à une femme qui avait connu Duclos et le maréchal de Richelieu, de ne pas chercher à les deviner.

La tante et la nièce étaient en ce moment sur le seuil de la porte-cochère, occupées à regarder la calèche qui fuyait. Les yeux de la comtesse n'exprimaient pas l'amour comme la marquise le comprenait ; la pauvre dame était Provençale, et ses passions avaient été vives.

— Vous vous êtes donc laissée prendre par mon vaurien de neveu?... demanda-t-elle à Julie.

La comtesse tressaillit involontairement. L'accent et le regard de cette vieille coquette semblèrent lui annoncer une connaissance du caractère de Victor plus approfondie peut-être que celle qu'elle en avait; alors la jeune femme, inquiète, s'enveloppa dans cette dissimulation maladroite, premier refuge des cœurs naïfs et souffrans.

La marquise se contenta des réponses de sa nièce; mais elle pensa joyeusement que sa solitude allait être réjouie par quelque secret d'amour, et que, entre elle et sa nièce, il y aurait sans doute une intrigue amusante à conduire.

Quand Julie se trouva dans un grand salon, tendu de tapisseries encadrées par des baguettes dorées, qu'elle fut assise devant un grand feu, abritée des bises *fenestrales* par un paravent chinois, sa tristesse ne pouvait guère se dissiper; car il était difficile que la gaieté naquît sous d'aussi vieux lambris, entre ces meubles séculaires. Néanmoins, elle prit une sorte de plaisir à entrer dans cette solitude profonde, et dans le silence solennel de la province. Après avoir échangé quelques mots avec cette tante, à laquelle elle avait écrit naguère une lettre de nouvelle mariée, elle resta silencieuse comme si elle eût écouté la musique d'un opéra.

Ce ne fut qu'après deux heures d'un calme digne de la Trappe qu'elle s'aperçut de son impolitesse envers sa tante. Elle se souvint de ne lui avoir fait que de froides réponses. La vieille femme avait respecté le caprice de sa nièce par cet instinct de grâce qui caractérise les gens de l'ancien temps.

En ce moment, la marquise tricotait. Elle s'était, il est vrai, absentée plusieurs fois pour s'occuper d'une certaine chambre *verte*, où devait coucher la comtesse, et où les gens de la maison plaçaient les bagages de sa nièce; mais alors elle avait repris sa place dans un grand fauteuil, et regardait la jeune femme à la dérobée.

Honteuse de s'être abandonnée à son irrésistible méditation, Julie essaya de se la faire pardonner en s'en moquant.

— Ma chère petite, nous connaissons la douleur des veuves !... répondit la tante.

Il fallait avoir quarante ans pour deviner l'ironie qu'exprimèrent les lèvres de la marquise.

Le lendemain, la comtesse fut beaucoup mieux. Elle causa. Sa tante ne désespéra plus d'apprivoiser la jeune femme qu'elle avait d'abord jugée comme un être stupide. Elle entretint sa nièce des joies du pays, des bals et des maisons où elles pouvaient aller. Toutes les questions de la marquise furent, pendant cette journée, autant de piéges que, par une ancienne habitude de cour, elle ne put s'empêcher de tendre à sa nièce pour en deviner le caractère. Julie résista à toutes les instances qui lui furent faites pendant quelques jours d'aller chercher des distractions au dehors ; et, malgré l'envie que la vieille dame avait de promener orgueilleusement sa jolie nièce, elle finit par renoncer à vouloir la mener dans le monde. La jeune comtesse avait trouvé un prétexte à sa solitude et à sa tristesse dans le chagrin que lui avait causé la mort de son père, dont elle portait encore le deuil.

Au bout de huit jours, la marquise admira

la douceur angélique, les grâces modestes, l'esprit indulgent de Julie; et dès lors, elle s'intéressa prodigieusement à la mystérieuse mélancolie qui rongeait ce jeune cœur.

La comtesse était une de ces femmes nées pour être aimables, et qui semblent apporter avec elles le bonheur. Sa société devint si douce et si précieuse à la marquise de Belorgey, qu'elle s'affola de sa nièce, et désira ne plus la quitter.

Un mois suffit pour établir entre elles une éternelle amitié.

La marquise remarqua, non sans surprise, que les couleurs vives qui animaient le teint de Julie changèrent insensiblement, et que sa figure prit des tons mats et pâles. En perdant son éclat primitif, Julie devenait moins triste. Parfois la marquise amenait sa jeune parente à des élans de gaieté, à des rires folâtres, bientôt réprimés par une pensée importune. Elle devina que, ni le souvenir paternel, ni l'absence de Victor, n'étaient la cause de la mélancolie profonde qui jetait un voile sur la vie de cette jeune femme ; et la marquise soupçonnait tant de choses, qu'il était difficile qu'elle pût s'arrêter à la véritable cause du mal, car nous n'inventons jamais rien, et nous ne rencontrons le vrai que par hasard peut-être.

Un jour que Julie avait laissé briller aux yeux de sa tante étonnée un oubli complet du mariage, une folie de jeune fille étourdie, une candeur d'esprit, un enfantillage digne du premier âge, et cet esprit délicat et parfois si profond qui distingue les jeunes personnes en France, la marquise résolut de sonder les mystères de cette âme, dont le naturel extrême équivalait à une impénétrable dissimulation. La nuit approchait ; les deux dames étaient assises devant une croisée qui donnait sur la rue ; Julie avait repris un air pensif ; un homme à cheval vint à passer.

— Voilà une de vos victimes !... dit la marquise.

Madame d'Aiglemont regarda sa tante d'un air surpris.

— C'est un jeune Anglais, un gentilhomme, sir Arthur Grenville. Son histoire est intéressante. Il est venu à Montpellier en 1803, espérant que l'air de ce pays, qui lui était recommandé par les médecins, le guérirait d'une maladie de poitrine à laquelle il devait succomber. Comme tous ses compatriotes, il a été arrêté par Bonaparte lors de la guerre, que ce monstre-là ne saurait se passer de faire. Par distraction, ce jeune Anglais s'est mis à étudier sa maladie, que l'on croyait mortelle. Insensiblement, il a pris goût à l'anatomie, à la médecine ; il s'est passionné pour cet art-là ; ce qui est fort extraordinaire chez un homme de qualité ; mais le Régent aimait bien la chimie !... Bref sir Arthur a fait des progrès qui ont étonné même les professeurs de Montpellier ; l'étude l'a consolé de sa captivité, et en même temps il s'est radicalement guéri. On prétend qu'il est resté deux ans sans parler, respirant rarement, demeurant couché dans une étable, buvant du lait d'une vache venue de Suisse, et vivant de cresson. Depuis qu'il est à Tours, il n'a vu personne. Il est fier comme paon. Mais vous avez certainement fait sa conquête, car ce n'est probablement pas pour moi qu'il passe sous nos fenêtres deux fois par jour depuis que vous êtes ici... Certes, il vous aime.

Ces derniers mots réveillèrent la comtesse comme par magie. Elle laissa échapper un geste et un sourire qui étonnèrent la marquise. Loin de témoigner cette satisfaction instinctive, ressentie même par la femme la plus sévère quand elle apprend qu'elle fait un malheureux, le regard de Julie fut terne et froid. Son visage indiquait un sentiment de répulsion voisin de l'horreur. Cette proscription n'était pas celle dont une femme aimante frappe le monde entier au profit d'un seul être; alors elle sait rire et plaisanter... Non, Julie était en ce moment comme une personne à qui le souvenir d'un danger trop vivement présent en fait ressentir encore la douleur.

La marquise, bien convaincue que sa nièce n'aimait pas son neveu, fut stupéfaite en découvrant qu'elle n'aimait personne. Elle trembla d'avoir à reconnaître en Julie un cœur désenchanté, une jeune femme à qui l'expérience d'un jour, d'une nuit peut-être, avait suffi pour apprécier la nullité de Victor.

— Si elle le connaît, c'est fini !... se dit-elle.

Alors elle se proposait déjà de la convertir aux doctrines monarchiques du siècle de Louis XV ; mais quelques heures plus tard, elle apprit, ou plutôt elle devina la situation assez commune dans le monde à laquelle la comtesse devait sa mélancolie.

Julie, devenue tout-à-coup pensive, se retira chez elle plus tôt que de coutume. Quand sa femme de chambre l'eut déshabillée et l'eut laissée prête à se coucher, elle resta devant le feu, plongée dans une duchesse de velours jaune, meuble antique, aussi favorable aux affligés qu'aux gens heureux. Elle pleura, elle soupira, elle pensa ; puis elle prit une petite table, chercha du papier, et se mit à écrire.

Les heures passèrent vite, car cette confidence paraissait coûter beaucoup à la comtesse, et chaque phrase amenait des torrens de pensées, de longues rêveries.

Tout-à-coup la jeune femme s'arrêta, fondit en larmes, et en ce moment toutes les horloges sonnèrent deux heures. Sa jeune tête, aussi lourde que celle d'une mourante, s'inclina sur son sein ; mais quand elle la releva, elle vit devant elle sa vieille tante, qui ressemblait à un personnage détaché soudain de la tapisserie dont les murs étaient garnis.

— Qu'avez-vous donc, ma petite?... dit la marquise ; pourquoi veiller si tard, et surtout pourquoi pleurer à votre âge, et toute seule?...

Elle s'assit sans autre cérémonie, dévorant la lettre des yeux.

— Vous écriviez à votre mari ?...

— Sais-je où il est?... reprit la comtesse.

La tante prit le papier, et le lut. Elle avait apporté ses lunettes. Il y avait préméditation. L'innocente créature lui laissa prendre sa lettre sans faire la moindre observation. Ce n'était pas un défaut de dignité ou quelque sentiment de culpabilité secrète qui lui ôtait ainsi toute énergie ; non, sa tante se rencontra là dans un de ces momens de crise où l'âme est sans ressort.

Comme une jeune fille vertueuse qui accable un amant de dédains, mais qui, le soir, se trouve si triste, si abandonnée, qu'elle le désire, et veut un cœur, un asile où déposer ses douleurs, Julie laissa violer sans mot dire le cachet que la délicatesse imprime à une lettre même ouverte.

Elle resta pensive pendant que la marquise lisait.

« Oh! ma Louisa! pourquoi me réclamer tant de fois l'accomplissement de la plus imprudente promesse que puissent se faire deux jeunes filles ignorantes et modestes! Tu te demandes souvent, m'écris-tu, pourquoi je n'ai répondu depuis six mois que par un morne silence à tes interrogations curieuses..... Ma chère, tu devineras peut-être le secret de mes refus en apprenant les mystères que je vais trahir. Je les aurais à jamais ensevelis dans le fond de mon cœur, si tu ne m'avertissais pas de ton prochain mariage.

» Tu vas te marier, Louisa!... Cette pensée me fait frémir. O pauvre petite, marie-toi, et dans quelques mois un de tes plus poignans regrets te viendra du souvenir de ce que nous étions naguère, quand un soir, à Écouen, parvenues toutes deux sous les grands chênes de la montagne, nous contemplâmes la belle vallée que nous avions à nos pieds, et que nous y admirâmes les rayons du soleil couchant, dont les reflets nous enveloppaient.

» Nous nous assîmes sur un quartier de roches, et tombâmes dans un ravissement auquel succéda une douce mélancolie. Tu trouvas la première que ce soleil lointain nous parlait d'avenir. Nous étions bien curieuses et bien folles alors! Te souviens-tu de toutes nos extravagances ? Nous nous embrassâmes comme deux amans, disions-nous, et nous nous jurâmes que la première mariée de nous deux raconterait fidèlement à l'autre ces secrets d'hyménée, ces joies que nos âmes enfantines nous peignaient si délicieuses.

» Cette soirée fera ton désespoir, Louisa; car, alors, tu étais jeune, belle; insouciante, sinon heureuse; et un mari te rendra, en peu de temps, ce que je suis déjà : — laide, souffrante et vieille.

» Te dire combien j'étais fière, vaine et joyeuse d'épouser le colonel Victor d'Aiglemont, ce serait une folie! Et même comment te le dirai-je? je ne me souviens plus de moi-même. En peu d'instans mon enfance est devenue comme un songe.

» Ma contenance pendant la journée solennelle qui consacrait un lien dont j'ignorais l'étendue n'a pas été exempte de reproches. Mon père a cherché plus d'une fois à réprimer ma gaieté, car je témoignais des joies qu'on trouvait inconvenantes, et mes discours révélaient de la malice justement parce qu'ils étaient sans malice. Je faisais mille enfantillages avec ce voile nuptial, avec cette robe et ces fleurs!...

» Restée seule le soir dans la chambre où j'avais été conduite avec apparat, je méditai quelque espiéglerie pour intriguer Victor; et, en attendant qu'il vînt, j'avais des palpitations de cœur semblables à celles qui me saisissaient autrefois en ces jours solennels du 31 décembre, quand, sans être aperçue, je me glissais dans le salon où les étrennes étaient entassées.

» Lorsque mon mari entra, qu'il me chercha, le rire étouffé que je fis entendre sous les mousselines dont je m'étais enveloppée, a été le dernier éclat de cette gaieté douce qui anima les jeux de notre enfance....... »

Quand la marquise eut achevé de lire cette lettre, qui, commençant ainsi, contenait de bien tristes observations, elle posa lentement ses lunettes sur la table, y remit aussi la lettre; puis, fixant sur sa nièce deux yeux verts dont l'âge n'avait pas affaibli le feu clair et perçant :

— Ma petite, dit-elle, une femme mariée ne doit pas écrire ainsi à une jeune personne.....

— C'est ce que je pensais, répondit Julie avec un accent déchirant; j'avais honte de moi pendant que vous la lisiez...

— Si à table un mets ne nous semble pas bon, il n'en faut dégoûter personne, mon enfant, reprit la vieille avec bonhomie; surtout, lorsque depuis Ève jusqu'à nous, le mariage a paru chose si excellente...

Julie saisit la lettre, et la jeta au feu.

— Vous n'avez plus de mère ?... dit la marquise.

La comtesse tressaillit, et pleura ; puis elle leva doucement la tête et la baissa comme pour dire :

— J'ai déjà regretté plus d'une fois ma mère depuis un an !.....

Elle regarda sa tante : et un frisson de joie sécha ses larmes quand elle aperçut l'air de bonté qui animait cette vieille figure. Elle tendit sa jeune main à la marquise, qui semblait la solliciter, et quand leurs doigts se pressèrent, ces deux femmes achevèrent de se comprendre.

— Pauvre orpheline !... ajouta la marquise.

Ce mot fut un dernier trait de lumière pour Julie. Elle crut entendre la voix prophétique de son père.

— Vous avez les mains brûlantes... demanda la vieille femme. Est-ce qu'elles sont toujours ainsi ?

— La fièvre ne m'a quittée que depuis sept à huit jours seulement, répondit-elle.

— Vous aviez la fièvre, et vous me le cachiez?...

— Je l'ai depuis un an... dit Julie avec une sorte d'anxiété pudique.

— Ainsi, mon bon petit ange, reprit la marquise, le mariage a été jusqu'à présent comme une longue douleur pour vous?...

La jeune femme n'osa répondre; mais elle fit un geste affirmatif qu'il lui fut impossible de réprimer.

— Vous êtes donc malheureuse?...

— Oh! non, ma tante!... Victor m'aime à l'idolâtrie, et je l'adore : il est si bon!

— Eh bien!... vous l'aimez, et vous le fuyez, n'est-ce pas?

— Oui... quelquefois... Il me cherche trop souvent!...

— N'êtes-vous pas souvent troublée dans la solitude par la crainte qu'il ne vienne vous y surprendre?

— Hélas! oui, ma tante; mais je l'aime bien, je vous assure!...

— Ne vous accusez-vous pas en secret vous-même de ne pas partager son bonheur? et, parfois, ne pensez-vous point que l'amour légitime ne pardonne peut-être pas plus qu'une passion criminelle?

—Oh! c'est cela!... dit-elle en pleurant, vous avez donc tout deviné! Je suis une énigme à mes propres yeux!... Mes sens sont engourdis. Je suis sans idées... Enfin, je vis difficilement. Il y a au milieu de mon âme une indéfinissable appréhension qui glace mes sentimens, et me jette dans une torpeur continuelle. Je suis sans voix pour me plaindre, et sans paroles pour exprimer ma peine. Je souffre, et j'ai honte!...

—Enfantillages, niaiseries que tout cela!... s'écria la tante.

En ce moment, un gai sourire anima son visage desséché.

— Et vous aussi vous riez?... dit avec désespoir la jeune femme.

— J'ai été ainsi!... reprit promptement la marquise. Maintenant que Victor vous a laissée seule, n'êtes-vous pas redevenue jeune fille, gaie, tranquille; sans plaisirs, mais sans souffrances?

Julie ouvrit de grands yeux hébétés.

— Enfin, mon ange, vous adorez Victor, n'est-ce pas?... mais vous aimeriez mieux être sa sœur que sa femme, et lui refuser... Hein?..

— Hé bien, oui, ma tante!... Mais pourquoi sourire?...

— Oh!... vous avez raison, ma pauvre enfant!... Il n'y a, dans tout ceci, rien de bien gai. L'avenir serait pour vous gros de plus d'un malheur, si je ne vous avais pas prise sous ma protection, et si ma vieille expérience n'avait pas su deviner la cause innocente de vos chagrins... Mon neveu ne méritait pas son bonheur... le sot! Sous le règne de notre bien-aimé Louis XV, une jeune femme qui se serait trouvée dans la situation où vous êtes aurait bientôt su punir son mari. L'égoïste! Les militaires de ce tyran impérial sont tous de vilains ignorans!.. Ils prennent la brutalité pour de la galanterie; ils ne connaissent pas plus les femmes qu'ils ne savent faire l'amour; ils croient que, parce qu'ils vont se faire tuer le lendemain, ils sont dispensés d'avoir des égards et des attentions pour nous. Autrefois, l'on savait aussi bien aimer que mourir à propos... Allez, ma nièce, je vous le formerai!... Je ferai cesser le triste désaccord qui vous mènerait l'un et l'autre à la haine, au désespoir; et vous, à la mort peut-être...

Julie écoutait la vieille marquise avec autant d'étonnement que de stupeur. — Elle était surprise en entendant des paroles dont elle pressentait la sagesse plutôt qu'elle ne la comprenait; elle était effrayée en retrouvant, dans la bouche d'une parente pleine d'expérience, mais sous une forme plus douce, l'arrêt porté par son père sur Victor.

Ayant peut-être une vive intuition de l'avenir, et appréhendant déjà tout le malheur qui l'attendait, elle fondit en larmes, et se jeta dans les bras de la vieille marquise, en lui disant :

— Soyez ma mère !...

La tante ne pleura pas, parce que les femmes de l'ancienne monarchie ont peu de larmes dans les yeux. Autrefois l'amour, et plus tard la révolution, les ont familiarisées avec les plus terribles et les plus poignantes péripéties, en sorte qu'elles conservent au milieu des dangers de la vie une dignité froide, une affection sincère, mais sans expansibilité, qui leur permet d'être toujours fidèles à l'étiquette et à cette noblesse dans les choses de la vie, que les mœurs nouvelles ont eu le grand tort de répudier.

Mais la marquise prit la jeune femme dans ses bras, la baisa au front avec une certaine tendresse, une grâce particulière, qui souvent se trouvent plutôt dans les manières et dans les habitudes de ces femmes d'ancienne aristocratie que dans leur cœur. Elle cajola sa nièce par de douces paroles, lui promit un heureux avenir, la berça par des promesses d'amour, l'aidant à se coucher, comme si elle eût été sa fille, une fille chérie, en qui elle eût revécu, et dont elle épousait la situation, les pensées, l'espoir et les chagrins.

Elle se revoyait jeune, elle se retrouvait inexpériente et jolie en sa nièce.

La comtesse s'endormit, heureuse d'avoir rencontré une amie, une mère, à qui, désormais, elle pourrait tout dire.

Le lendemain matin, au moment où la tante et la nièce s'embrassaient avec cette cordialité profonde et cet air d'intelligence qui prouvent un progrès dans le sentiment, une cohésion plus parfaite entre deux âmes, elles entendirent le pas d'un cheval au dehors, tournèrent la tête en même temps, et virent le jeune lord anglais qui passait lentement, selon son habitude. Il paraissait avoir fait une certaine étude de la vie que menaient ces deux femmes solitaires; et jamais il ne manquait à se trouver à leur déjeûner et à leur dîner. Son cheval ralentissait le pas sans avoir besoin d'en être averti ; et, pendant le temps qu'il mettait à franchir l'espace que prenaient les deux fenêtres de la salle à manger, sir Arthur jetait un regard mélancolique, la plupart du temps dédaigné par la comtesse, qui n'y faisait aucune attention. La marquise seule, obéissant à ces curiosités de la vie retirée et sans évènemens qui rend la province si triste et pleine de petitesses, dont un esprit même supérieur se garantit difficilement, la marquise s'était fait un amusement de l'amour timide et sérieux que ressentait l'Anglais. Ces regards périodiques étaient devenus comme une habitude pour elle, et chaque jour de nouvelles plaisanteries attestaient le passage de sir Arthur.

En se mettant à table, les deux femmes le regardèrent simultanément, et les yeux de Julie et de sir Grenville se rencontrèrent cette fois avec une telle précision de mouvement et de sentiment, que la jeune femme rougit. Aussitôt l'Anglais pressa son cheval, qui partit au galop.

— Mais, madame, dit Julie à sa tante, que

faut-il faire? Il doit être constant pour les gens qui voient passer sir Arthur, que je suis...

— Oui, répondit la marquise en l'interrompant.

— Hé bien! ne pourrais-je pas lui dire de ne pas se promener ainsi?...

— Ne serait-ce pas lui donner lieu de penser qu'il est dangereux?... Et d'ailleurs, pouvez-vous empêcher un homme d'aller et venir où bon lui semble? Demain nous ne mangerons plus dans cette salle, et, ne nous y voyant plus, le lord discontinuera de vous aimer par la fenêtre... Voilà, ma chère enfant, comment se comporte une femme qui a l'usage du monde.

Mais le malheur de Julie devait être complet. A peine les deux femmes se levaient-elles de table, que le valet de chambre de Victor arriva soudain. Il venait de Bourges à franc étrier, par des chemins détournés, et apportait à la comtesse une lettre de son mari. Victor avait rejoint l'empereur; il annonçait à sa femme la chute du trône impérial, la prise de Paris, et l'enthousiasme qui éclatait en faveur des Bourbons sur tous les points de la France ; mais ne sachant comment pénétrer jusqu'à Tours, il la priait de venir en toute hâte à Orléans, où il espérait se trouver avec des passeports pour elle. Ce valet de chambre, ancien militaire, devait l'accompagner de Tours à Orléans, route que Victor croyait encore libre.

— Madame, vous n'avez pas un instant à perdre, dit le valet de chambre ; les Prussiens, les Autrichiens et les Anglais vont faire leur jonction à Blois ou à Orléans...

En quelques heures la jeune femme fut prête, et partit dans une vieille voiture de voyage appartenant à sa tante.

— Pourquoi ne viendriez-vous pas à Paris avec nous ? dit-elle en embrassant la marquise ; maintenant que les Bourbons...

— Oh ! j'y serais allée sans cela, ma pauvre petite ! Mes conseils vous sont trop nécessaires, à Victor et à vous. Aussi vais-je faire toutes mes dispositions pour vous y rejoindre.

Julie partit accompagnée de sa femme de

chambre et du vieux militaire, qui galopait à côté de la chaise, et veillait à la sécurité du voyage.

Il était nuit, et Julie arrivait à un relais en avant de Blois, lorsque, inquiète d'entendre une voiture qui marchait derrière la sienne, et ne l'avait pas quittée depuis Amboise, elle se mit à la portière, afin de voir quels étaient ses compagnons de voyage. Le clair de lune lui permit d'apercevoir sir Arthur, debout, à trois pas d'elle, les yeux attachés sur sa chaise. Leurs regards se rencontrèrent fatalement. La comtesse se rejeta vivement au fond de sa voiture, mais avec un sentiment de peur qui la fit palpiter. Elle tremblait, et, comme la plupart des jeunes femmes réellement innocentes et sans expérience, elle croyait qu'être aimée par un autre, c'était être déjà coupable. Elle ressentait une terreur instinctive, que lui donnait peut-être la conscience de sa faiblesse devant une si audacieuse agression. Une des plus fortes armes de l'homme est ce pouvoir terrible d'occuper de lui-même une femme, dont l'imagination, naturellement mobile, s'effraie ou s'offense d'une poursuite.

La comtesse se souvenant du conseil de sa tante, resta pendant le reste du voyage au fond de sa chaise de poste, sans oser en sortir. Mais à chaque relais elle entendait l'Anglais se promenant autour des deux voitures ; et, sur la route, le bruit importun de sa calèche retentissait incessamment aux oreilles de Julie.

La jeune femme pensa bientôt qu'une fois réunie à son mari, il saurait faire cesser cette singulière persécution.

— Mais s'il ne m'aimait pas ; cependant !...

Cette réflexion fut la dernière de toutes.

En arrivant à Orléans, la chaise de poste fut arrêtée par les Prussiens, conduite dans la cour d'une auberge, et gardée par des soldats. La résistance était impossible, et les étrangers firent comprendre aux trois voyageurs qu'ils avaient reçu la consigne de ne laisser sortir personne de la voiture.

La comtesse pleurait. Elle resta deux heures environ prisonnière, au milieu des soldats qui fumaient, qui riaient, et parfois la regardaient avec autant de curiosité que d'insolence. Enfin elle les vit s'écarter de la voiture avec une sorte de respect en entendant le bruit de plusieurs chevaux, et bientôt une troupe d'officiers supérieurs étrangers, à la tête desquels était un général autrichien, entoura la chaise de poste.

— Madame, lui dit-il, agréez nos excuses ; il y a eu erreur. Vous pouvez continuer sans crainte votre voyage, et voici un passeport qui vous évitera désormais toute espèce d'avanie...

La comtesse prit le papier en tremblant, et balbutia de vagues paroles.

Elle voyait près du général sir Arthur en costume d'officier anglais. Le jeune lord était tout à la fois joyeux et mélancolique, détournait la tête, et n'osait regarder Julie qu'à la dérobée.

C'était sans doute à lui qu'elle devait cette délivrance soudaine.

Grâce au passeport, elle parvint à Paris sans aventure fâcheuse. Elle y retrouva son mari, qui, délié de son serment de fidélité à l'empereur, avait été merveilleusement bien accueilli, et employé par le comte d'Artois, nommé lieutenant-général du royaume par son frère Louis XVIII. Victor eut un grade éminent dans les gardes-du-corps. Cependant, au milieu des fêtes qui marquaient le retour des Bourbons, un malheur bien profond, et qui devait influer sur sa vie, assaillit la pauvre Julie... Elle perdit la marquise de Berlogey.

La vieille dame était morte de joie et d'une goutte remontée au cœur, en revoyant à Tours le duc d'Angoulême.

Ainsi, la seule personne au monde à laquelle son âge donnait le droit d'éclairer Victor, et qui, par d'adroits conseils, pouvait rendre l'accord de la femme et du mari plus parfait, cette personne était morte. Julie sentit toute l'étendue de sa perte. Il n'y avait plus qu'elle-même entre elle et son mari... Mais, jeune et timide, elle préférait la souffrance à la plainte;

et la perfection même de son caractère s'opposait à ce qu'elle osât se soustraire à ses devoirs, ou tenter de rechercher la cause de ses douleurs; les faire cesser, c'eût été chose trop délicate; Julie craignait d'offenser sa pudeur de jeune fille.

La comtesse ne vit plus sir Arthur.

LA MÈRE.

Il se rencontre beaucoup d'hommes dont la nullité profonde est un secret pour la plupart des gens qui les connaissent : leur rang, une haute naissance, d'importantes fonctions s'ils en exercent, un certain vernis de politesse, une grande réserve dans leur conduite, ou les prestiges de la fortune, sont, pour eux, comme des gardes qui empêchent les critiques de pénétrer jusqu'à leur intime existence. Ils ressemblent aux rois, dont la véritable taille, le caractère et les mœurs ne peuvent jamais être bien connus ou appréciés, parce qu'ils sont vus de trop loin ou de trop près. Ces personnages à mérite factice interrogent au lieu de parler, ont l'art de mettre les autres en scène pour éviter de poser devant eux; par une heureuse adresse, ils tirent le fil de toutes vos passions, de vos intérêts ; et, se jouant ainsi des hommes qui leur sont réellement supérieurs, ils en font des marionnettes ; ils obtiennent le triomphe naturel de la pensée, une et fixe, sur la variété, sur la rapidité de la pensée. Aussi, pour juger ces grands politiques vides, pour peser ces valeurs négatives, l'observateur doit-il posséder un esprit plus subtil que supérieur, plutôt de la patience que de la portée dans la vue, plus de finesse et de tact, que d'élévation et de grandeur dans les idées.

Cependant, si ces usurpateurs ont l'habileté de défendre leurs côtés faibles et de paraître redoutables au milieu du monde, il leur est bien difficile de tromper leurs femmes, leurs mères, leurs enfans ou l'ami de la maison; mais presque toujours ces personnes leur gardent religieusement le secret sur une chose qui touche, en quelque sorte, à l'honneur commun, et souvent elles les aident même à en imposer au monde.

Il y a donc beaucoup de niais qui passent pour des hommes supérieurs, grâces à ces conspirations domestiques ; mais ils compensent le nombre d'hommes supérieurs qui passent pour des niais ; en sorte que l'état social a toujours la même masse de capacités apparentes.

Si vous songez maintenant au rôle que doit jouer une femme d'esprit et de sentiment, sans cesse en présence d'un mari de cette trempe, n'apercevrez-vous pas des existences pleines de douleurs et de dévouement dont rien ici-bas ne saurait récompenser certains cœurs pleins d'amour et de délicatesse ?

S'il se rencontre une femme forte dans cette horrible situation, elle en sort par un crime, comme fit Catherine II, si abusivement nommée *la Grande*. Mais comme toutes les femmes ne sont pas assises sur un trône, elles se vouent, la plupart, à des malheurs domestiques qui, pour être obscurs, n'en sont pas moins terribles. Beaucoup finissent par vouloir ici-bas des consolations immédiates aux maux qu'elles souffrent, et souvent elles ne font que changer de peines lorsqu'elles veulent rester fidèles à leurs devoirs. Ces réflexions sont toutes applicables à l'histoire secrète de Julie.

Tant que Napoléon resta debout, le comte d'Aiglemont, colonel comme tant d'autres, bon officier d'ordonnance, intrépide à remplir une mission dangereuse, mais incapable d'un commandement de quelque importance, n'excita nulle envie, passa pour un des braves que favorisait l'empereur, et fut ce que les militaires nomment vulgairement *un bon enfant*. La restauration lui ayant rendu le titre de marquis et des biens considérables, il suivit les Bourbons à Gand. Cet acte de logique et de fidélité fit mentir l'horoscope que jadis son beau-père lui avait tiré, en disant qu'il mourrait colonel; au second retour, il fut nommé lieutenant-général.

Redevenu marquis, M. d'Aiglemont eut l'ambition d'arriver à la pairie. Alors il adopta les maximes et la politique du *Conservateur*, s'enveloppa d'une dissimulation qui ne cachait rien; devint grave, interrogateur, peu parleur; il passa pour un homme très profond. Retranché sans cesse dans les formes de la politesse, muni de formules, retenant et prodiguant les phrases toutes faites qui se frappent régulièrement à Paris pour payer les sots en petite monnaie, il fut réputé homme de goût et de savoir. Entêté dans ses opinions aristocratiques, il fut cité comme ayant un beau caractère. Si, par hasard, il devenait insouciant et gai comme il était jadis, l'insignifiance et la niaiserie de ses propos avaient une valeur diplomatique.

— Oh! il ne dit que ce qu'il veut dire!.... pensaient de très honnêtes gens.

Il était aussi bien servi par ses qualités que par ses défauts. Sa bravoure lui donnait une haute réputation militaire que rien ne démentait, parce qu'il n'avait jamais commandé en chef. Sa figure mâle et noble exprimait des pensées larges, et sa physionomie n'était une imposture que pour sa femme. En entendant tout le monde rendre justice à ses talens postiches, le marquis d'Aiglemont finit par se persuader à lui-même qu'il était un des hommes les plus remarquables de la cour, où, grâce à ses dehors, il sut plaire, et où l'on crut de lui tout ce qu'il en croyait lui-même.

Mais, devenant modeste au logis, il y sentait instinctivement la supériorité de sa femme, toute jeune qu'elle fût; et, de ce respect involontaire qu'il lui portait, naquit un pouvoir occulte dont la marquise se trouva forcément investie, malgré tous ses efforts pour en repousser le fardeau. Conseil de son mari, elle en dirigeait les actions et la fortune. Cette influence contre nature était pour elle une espèce d'humiliation et la source de bien des peines qu'elle ensevelissait dans son cœur.

D'abord, elle avait assez le sentiment de la femme pour comprendre qu'il est bien plus beau d'obéir à un homme de talent, que de conduire un sot; et, qu'une femme, obligée de penser et d'agir en homme, n'est plus ni femme ni homme, abdique toutes les grâces de son sexe en en perdant les malheurs, et n'acquiert aucun des priviléges dont nos mœurs et nos lois ont doté les plus forts.

Puis, il y avait une bien amère dérision au fond de son existence. N'était-elle pas obligée d'honorer une idole creuse, de protéger elle-même un homme qui, pour salaire d'un dévouement de toutes les heures, lui jetait l'amour égoïste d'un mari ; ne voyait en elle que la femme ; ne daignait pas, ou ne savait pas, injure tout aussi profonde, s'inquiéter de ses plaisirs, ni d'où venaient et sa tristesse et son dépérissement? Comme la plupart des maris, il plaignait sa femme, tout en l'accusant de faiblesse. Il demandait compte au sort ou au hasard de lui avoir donné pour épouse une jeune fille maladive; et s'il y avait une victime, c'était lui. La marquise, chargée de tous les malheurs, de toutes les difficultés de cette triste existence, devait sourire encore à son maître imbécile, parer de fleurs une maison de deuil, et afficher le bonheur sur un visage pâli par de secrets supplices.

Cette responsabilité d'honneur, cette abnégation magnifique donnèrent insensiblement à la jeune marquise une dignité d'épouse, une conscience de vertu qui lui servirent de sauvegarde contre les dangers du monde. Puis, pour sonder le cœur humain à fond, peut-être le malheur intime et caché par lequel son premier, son naïf amour de jeune fille était couronné, lui faisait-il prendre en horreur les passions; peut-être n'en concevait-elle pas le bonheur, l'entraînement et les enivrantes espérances qui font méconnaître à certaines femmes les lois de sagesse, les principes de vertu sur lesquels la société repose.

Oubliant comme un songe les douceurs et la tendre harmonie que la vieille expérience de madame de Belorgey lui avait promises, elle attendait avec résignation la fin de ses peines en espérant mourir jeune. Depuis son retour de Touraine, sa santé s'était chaque jour affaiblie, et la vie semblait lui être mesurée par la souffrance, souffrance élégante d'ailleurs, maladie presque voluptueuse en apparence, et qui pouvait passer aux yeux de bien des gens pour une fantaisie de petite maîtresse.

Les médecins avaient condamné la marquise à rester couchée sur un divan : elle s'y étiolait au milieu des fleurs dont elle était entourée, et qui se fanaient comme elle. Sa faiblesse lui interdisait la marche et le grand air; elle ne sortait que dans une voiture fermée. Sans cesse environnée de toutes les merveilles de notre luxe et de notre industrie modernes, elle ressemblait moins à une malade qu'à une reine indolente. Quelques amis, amoureux peut-être de son malheur et de sa faiblesse, sûrs de toujours la trouver chez elle, et spéculant sans doute aussi sur sa bonne santé future, venaient lui apporter les nouvelles, l'instruire de ces mille petits évènemens qui rendent à Paris l'existence si variée. Sa mélancolie, quoique grave et profonde, était donc la mélancolie de l'opulence, une richesse misérable, une belle fleur rongée par un insecte noir.

Si parfois elle allait dans le monde, c'était pour obéir aux exigences de la position à laquelle aspirait son mari. Sa voix et la perfection de son chant pouvaient lui permettre d'y recueillir des applaudissemens dont une jeune femme est presque toujours flattée ; mais, pour elle, ses succès dans le monde étaient vides : elle ne les rapportait à aucune espérance, à aucun sentiment... Son mari n'aimait pas la musique. Enfin, elle se trouvait presque toujours gênée dans les salons où sa beauté lui attirait tous les regards. Sa situation excitait une sorte de compassion cruelle, une curiosité triste. Elle était atteinte d'une inflammation assez ordinairement mortelle, dont les femmes parlent en secret, et à laquelle notre néologisme n'a pas encore su trouver de nom; or, malgré le silence au sein duquel sa vie s'écoulait, sa souffrance n'était un secret pour personne; et, toujours jeune fille, en dépit du mariage, les moindres regards la rendaient honteuse. Aussi, pour éviter de rougir, n'apparaissait-elle jamais que riante, gaie, belle, affectant une fausse joie, se trouvant toujours bien, et prévenant les questions sur sa santé par de pudiques mensonges.

Cependant, en 1817, un évènement contribua beaucoup à modifier l'état déplorable dans lequel Julie avait été plongée jusqu'alors. Elle eut une fille; elle voulut la nourrir; et, pendant deux années, les distractions vives et les plaisirs que donnent les soins maternels, la sollicitude qu'ils exigent, lui firent une vie moins malheureuse. Elle se sépara nécessairement de son mari; les médecins lui pronostiquèrent une meilleure santé; mais la marquise ne voulut pas croire à ces présages hypothétiques; et, comme toutes les personnes pour lesquelles la vie n'a point de douceur, peut-être voyait-elle dans la mort un heureux dénouement.

Au commencement de l'année 1819, la vie lui fut plus cruelle que jamais; car, au moment où elle s'applaudissait du bonheur négatif qu'elle avait su conquérir, elle entrevit d'effroyables abîmes. Victor s'était, par degrés, déshabitué d'elle, et ce refroidissement d'une affection déjà si tiède et peut-être égoïste, pouvait amener plus d'un malheur que son tact fin et sa prudence lui faisaient prévoir. Quoiqu'elle fût certaine de conserver un grand empire sur son mari, et d'en avoir obtenu l'estime pour toujours, elle craignait l'influence des passions sur un homme aussi nul, aussi vaniteusement irréfléchi.

Souvent ses amis la surprenaient livrée à de longues méditations, et les moins clairvoyans lui en demandaient le secret en plaisantant, comme si une jeune femme pouvait ne songer qu'à des frivolités. Il y a presque toujours un sens profond dans les pensées d'une mère de famille : le malheur nous mène à la rêverie, aussi bien que le bonheur vrai.

Parfois, en jouant avec sa fille, Julie la regardait d'un œil sombre, et cessait de répondre à ces interrogations enfantines qui font tant de plaisir aux mères, pour demander compte à sa destinée du présent et de l'avenir; alors, ses yeux se mouillaient de larmes, quand soudain un cruel souvenir lui rappelait la scène de la revue aux Tuileries. Les prévoyantes paroles de son père retentissaient derechef à son oreille, et sa conscience lui reprochait d'en avoir méconnu la sagesse : de cette désobéissance folle, venaient tous ses malheurs; et souvent elle ne savait, entre tous, lequel était le plus rude.

Non seulement les doux trésors de son âme restaient ignorés, mais elle ne pouvait jamais parvenir à se faire comprendre de son mari, même dans les choses les plus ordinaires de la vie. Puis, elle sentait la faculté d'aimer, toujours aussi forte, aussi active en elle que jadis; et l'amour permis, l'amour conjugal, s'était évanoui sous la souffrance et dans la pitié. Elle avait pour son mari cette compassion voisine du mépris qui flétrit à la longue tous les sentimens. Enfin, ses conversations avec quelques amis, les exemples, et certaines aventures du grand monde, lui apprenaient que sa vie n'aurait pas dû s'écouler ainsi; qu'il y avait un bonheur à goûter ; et Julie devinait, par toutes les blessures qu'elle avait reçues, les plaisirs profonds et purs qui unissent si parfaitement les âmes fraternelles.

Dans le tableau que sa mémoire lui faisait du passé, la figure candide de sir Arthur se dessinait toujours plus pure et plus belle, mais rapidement ; elle n'osait s'arrêter à ce souvenir. Le silencieux et timide amour du jeune Anglais était le seul évènement qui eût laissé des vestiges dans ce cœur sombre et solitaire. Peut-être toutes les espérances trompées, tous les désirs avortés, qui chaque jour attristaient davantage l'esprit de Julie, se reportaient-ils, par un jeu naturel de l'imagination, sur cet homme, dont les manières, les sentimens et le caractère paraissaient lui offrir tant de sympathies avec les siens. Mais cette pensée avait toujours l'apparence d'un songe, d'un caprice : c'était un rêve impossible, toujours clos par des soupirs; et Julie se réveillait plus malheureuse, sentant encore mieux ses douleurs latentes après les avoir endormies sous les ailes d'un bonheur imaginaire.

Parfois, ses plaintes prenaient un caractère de folie et d'audace ; elle voulait des plaisirs à tout prix ; mais plus souvent elle restait en proie à je ne sais quel engourdissement stupide ; elle écoutait sans comprendre, ou elle avait des pensées si vagues, si indécises, qu'elle n'eût pas trouvé de langage pour les rendre. Froissée dans ses plus intimes volontés, dans les mœurs que, jeune fille, elle avait rêvées jadis, elle était obligée de dévorer ses larmes, car à qui se serait-elle plaint ? de qui pouvait-elle être entendue ? Puis, elle avait cette extrême délicatesse, si belle chez les femmes, cette ravissante pudeur de sentiment, qui consiste à taire une plainte inutile, à ne pas prendre un avantage quand le triomphe doit humilier le vainqueur et le vaincu. Julie essayait de donner sa capacité, ses propres vertus à son mari ; elle se vantait de goûter un bonheur qu'elle n'avait pas, et toute sa finesse de femme était employée en pure perte à des ménagemens ignorés de celui-là même dont ils perpétuaient le despotisme. Par momens, elle était ivre de malheur, et sans idée, sans frein ;

mais heureusement, une piété vraie la ramenait à une espérance suprême ; elle se réfugiait dans la vie future, et cette admirable croyance lui faisait accepter de nouveau sa tâche douloureuse. Ces combats si terribles, ces déchiremens intérieurs, ces longues mélancolies étaient inconnus, sans gloire ; nulle créature ne recueillait les regards ternes, les larmes amères jetées par Julie au hasard et dans la solitude.

Les dangers de la situation critique à laquelle la marquise était insensiblement arrivée par la force des circonstances se révélèrent à elle dans toute leur gravité pendant une soirée du mois de janvier 1820.

Quand deux époux se connaissent parfaitement, qu'ils ont pris une longue habitude d'eux-mêmes ; que la femme, sachant interpréter les moindres gestes de son mari, s'occupe à pénétrer les sentimens ou les choses qu'il lui cache ; alors, des lumières soudaines éclatent souvent après des réflexions ou des remarques précédentes, dues au hasard, ou primitivement faites avec insouciance. Une femme se réveille souvent tout-à-coup sur le bord ou au fond d'un abîme.

Ainsi, la marquise, heureuse d'être seule depuis quelques jours, devina le secret de sa solitude.

Inconstant ou lassé, généreux ou plein de pitié pour elle, son mari ne lui appartenait plus.

En ce moment, elle ne pensa plus à elle, à ses souffrances, à ses sacrifices; elle ne fut plus que mère, elle ne vit plus que la fortune, l'avenir, le bonheur de sa fille... sa fille, le seul être d'où lui vint quelque félicité, son Hélène, seul lien qui l'attachât à la vie!... Maintenant, Julie voulait vivre pour préserver son enfant du joug effroyable sous lequel une marâtre pouvait étouffer la vie de cette chère créature.

A cette sinistre prévision de l'avenir, elle tomba dans une de ces méditations ardentes qui dévorent des années entières d'existen e. Entre elle et son mari, désormais, il devai tse trouver tout un monde de pensées dont, elle seule, porterait le poids ; jusqu'alors, sûre d'être aimée autant que Victor pouvait aimer, elle s'était dévouée à un bonheur qu'elle ne partageait pas ; mais aujourd'hui, n'ayant plus la satisfaction de savoir que ses larmes faisaient la joie de son mari, seule dans le monde, elle n'avait plus que le choix des malheurs. Au milieu du profond désespoir, du découragement sans bornes où elle était, dans le calme et le silence de la nuit, au moment où, quittant le divan sur lequel elle avait gémi près d'un feu presque éteint, elle allait contempler sa fille d'un œil sec, et à la lueur d'une lampe, son mari rentra.

Le marquis était gai ; il baisa sa fille au front quand Julie lui eut fait admirer le sommeil de cette charmante enfant ; mais il accueillit l'enthousiasme de sa femme par une phrase banale.

— A cet âge, dit-il, tous les enfans sont gentils !...

Puis il baissa les rideaux du berceau, re-

garda Julie, et, lui prenant la main, il l'amena
près de lui sur ce divan, où tant de fatales
pensées venaient de surgir.

— Vous êtes bien belle ce soir, madame d'Aiglemont!... s'écria-t-il avec cette gaieté fausse
et insupportable dont la marquise connaissait
tout le vide.

— Où avez-vous passé la soirée?... lui demanda-t-elle en feignant une profonde indifférence.

— Chez madame de Roulay...

Il avait pris sur la cheminée un écran, et
il en examinait le transparent avec attention.
Il ne voyait même pas les traces des larmes
versées par sa femme. Julie frissonna. Le langage ne suffirait pas à exprimer le torrent de
pensées qui s'échappa de son cœur.

— Madame de Roulay donne un concert
lundi prochain. Elle se meurt d'envie de t'avoir.
Il suffit que depuis long-temps tu n'aies paru
dans le monde pour qu'elle désire te voir

chez elle. C'est une bonne femme ! Elle t'aime beaucoup. Tu me feras plaisir d'y venir. J'ai presque répondu de toi...

— J'irai... répondit Julie.

Le son de la voix, l'accent et le regard de la marquise eurent quelque chose de si pénétrant, de si particulier, que, malgré son insouciance, Victor regarda sa femme avec étonnement.

Ce fut tout.

Julie avait deviné que madame de Roulay possédait le cœur de son mari.

Elle resta plongée dans une rêverie engourdissante, regardant le feu, muette, immobile. Victor faisait tourner l'écran dans ses doigts, avait l'air ennuyé d'un homme qui a été heureux ailleurs, et qui se trouve, chez lui, presque las de son bonheur. Après un ou deux bâillemens, il prit un flambeau d'une main ; de l'autre, alla chercher languissamment le cou de sa femme, et voulut l'embrasser ; mais Julie se baissa, lui présenta son front, et y reçut le baiser du soir, ce baiser machinal, sans amour, espèce de grimace qu'alors elle trouva odieuse.

Quand Victor eut fermé la porte, la marquise tomba sur son siége; ses jambes chancelaient; elle fondit en larmes.

Il faut avoir subi le supplice de quelque scène analogue pour comprendre tout ce que celle-ci cache de douleurs, pour deviner les longs et terribles drames dont elle est le principe. Ces simples et niaises paroles, ces silences entre les deux époux, les gestes, les regards, la manière dont le marquis s'était assis devant le feu, l'attitude qu'il eut en cherchant à baiser le cou de sa femme, tout avait servi à faire, de cette heure le plus tragique dénouement de la vie solitaire et douloureuse menée par Julie.

Dans sa folie, elle se mit à genoux devant son divan, y plongea son visage comme pour ne rien voir, et pria Dieu, donnant aux paroles habituelles de son oraison un accent intime et une signification nouvelle qui eussent déchiré le cœur de son mari, s'il l'eût entendue.

Elle demeura pendant huit jours préoccupée de son avenir, plongée dans son malheur, l'étudiant, et cherchant, à elle seule, les moyens de ne pas mentir à son cœur, de regagner son empire sur le marquis, et de vivre assez pour veiller au bonheur de sa fille.

Alors elle résolut de lutter avec sa rivale, de reparaître dans le monde, d'y briller ; de feindre pour son mari un amour qu'elle ne pouvait plus éprouver, de le séduire ; et lorsqu'elle l'aurait soumis par ses artifices à son pouvoir, d'être coquette avec lui comme le sont ces capricieuses maîtresses qui se font un plaisir de tourmenter leurs amans. Ce manége odieux était le seul remède possible à ses maux. Ainsi, elle deviendrait maîtresse de ses souffrances, elle les ordonnerait, elle s'y soumettrait selon son bon plaisir ; puis, elle les rendrait plus rares tout en subjugant son mari, tout en le domptant sous un despotisme terrible. Elle n'eut plus aucun remords de lui imposer une vie difficile.

D'un seul bond, elle s'élança dans les froids

calculs de l'indifférence; et, pour sauver sa fille, elle devina par une seule pensée les perfidies, les mensonges des créatures qui n'aiment pas, les tromperies de la coquetterie, et toutes les ruses atroces qui nous font haïr si profondément une femme quand nous lui découvrons tant de corruption innée. A l'insu de Julie, sa vanité féminine, son intérêt, et un vague désir de vengeance, s'accordèrent avec son amour maternel pour la faire entrer dans une voie mauvaise, où de nouvelles douleurs l'attendaient. Mais elle avait l'âme trop belle, l'esprit trop délicat, et surtout trop de franchise, pour être long-temps complice de ces fraudes. Habituée à lire tout en elle-même au premier pas dans le vice, car ceci était du vice, sa conscience devait parler plus haut que ses passions et que ses intérêts; car, chez une jeune femme dont le cœur est encore pur, et où l'amour est resté vierge, le sentiment de la maternité même est soumis à la voix de la pudeur; la pudeur est toute la femme.

Néanmoins, Julie, n'apercevant aucun danger, aucune faute dans sa nouvelle vie, apparut chez madame de Roulay. Sa rivale comptait voir une femme pâle et languissante; la marquise avait mis du rouge; elle se présenta dans tout l'éclat d'une parure élégante qui rehaussait encore sa beauté.

Madame de Roulay était une de ces femmes qui prétendent exercer à Paris une sorte d'empire sur la mode et sur le monde; elle dictait des arrêts, qui, reçus dans le petit cercle où elle régnait, lui semblaient universellement adoptés; elle avait la prétention de faire des mots; elle était souverainement *jugeuse*: littéraire, politique, hommes et femmes, tout subissait sa censure. Elle défiait celle des autres. Sa maison était, en toute chose, un modèle de bon goût.

Au milieu de ces salons remplis de femmes élégantes, de belles femmes, Julie triompha de madame de Roulay. Spirituelle, vive, sémillante, elle eut autour d'elle les hommes les plus distingués de l'assemblée. Pour le désespoir des femmes, sa toilette était irréprochable, et toutes la lui envièrent. La coupe de la robe, la forme du corsage avaient une grâce inconnue; Julie en avait commandé pour elle seule l'étoffe à Lyon, et avait fait détruire le dessin.

Lorsque Julie se leva pour aller au piano chanter la cavatine de *Tancredi*, les hommes accoururent de tous les salons pour entendre cette célèbre voix, muette depuis si longtemps. Un profond silence régna. La marquise éprouva une vive émotion en voyant toutes les têtes pressées aux portes, et tous les regards attachés sur elle. Cherchant son mari, elle lui lança une œillade pleine de feu, d'intelligence, et vit avec plaisir qu'en ce moment son amour-propre était extraordinairement flatté.

Toute heureuse de ce triomphe, elle ravit l'assemblée dans la première partie du morceau ; jamais ni la Malibran, ni la Pasta, n'avaient fait entendre des chants aussi parfaits de sentiment et d'intonation ; mais, au moment de la reprise, elle aperçut en regardant au hasard dans les groupes les yeux de sir Arthur, dont le regard fixe la dévorait, ne la quittait pas. Elle tressaillit vivement, et sa voix s'altéra.

Madame de Roulay s'élança de sa place vers la marquise.

— Qu'avez-vous?... ma chère?... Oh! pauvre petite!... Elle est si souffrante!... Je tremblais en lui voyant entreprendre une chose au-dessus de ses forces...

La cavatine fut interrompue; Julie, dépitée, ne se sentit plus la force de continuer; elle subit la compassion perfide de sa rivale; toutes les femmes chuchotèrent; et, à force de discuter cet incident, elles devinèrent la lutte qui s'était établie entre la marquise et madame de Roulay, qu'elles n'épargnèrent pas dans leurs médisances.

Les bizarres pressentimens qui avaient si souvent agité Julie se trouvaient tout-à-coup réalisés. En s'occupant de lord Arthur, elle s'était complu à croire qu'un homme en apparence aussi doux, aussi délicat, devait être resté fidèle à son premier amour; et, parfois, elle avait pensé qu'elle était l'objet de cette belle passion, la passion pure et vraie d'un homme jeune, dont toutes les pensées appartiennent à celle qu'il aime, dont tous les momens lui sont consacrés, qui n'a point de détours, qui rougit de ce qui fait rougir une femme, qui pense comme une femme, ne lui donne point de rivales, et se livre à elle sans songer à l'ambition, à la gloire ou à la fortune. Elle avait rêvé tout cela de lord Arthur, par folie, par distraction ; et, tout-à-coup, elle crut voir ce rêve accompli. Elle lut sur le visage presque féminin du lord anglais, les pensées profondes, les mélancolies douces, les résignations douloureuses dont elle était elle-même la victime. Elle se reconnut en lui. Le malheur et la mélancolie sont les interprètes les plus éloquens de l'amour, et correspondent entre deux êtres souffrans avec une incroyable rapidité. La vue intime et l'intussusception des choses ou des idées sont chez eux complètes et justes. Aussi la violence du choc que reçut la marquise lui révéla tous les dangers de l'avenir. Trop heureuse de trouver le prétexte de son trouble dans son état habituel de souffrance, elle se laissa accabler sous l'ingénieuse pitié de madame de Roulay.

L'interruption de la cavatine était un évènement dont plusieurs personnes s'entretenaient assez diversement : les unes déploraient le sort de Julie, et se plaignaient de ce qu'une femme aussi remarquable fût perdue pour le monde; les autres voulaient savoir la cause de ses souffrances et de la solitude dans laquelle elle vivait.

— Hé bien! mon cher Flesselles, disait le marquis à l'un de ses amis, tu enviais mon bonheur en voyant madame d'Aiglemont, et tu me reprochais de lui être infidèle?... Va, tu trouverais mon sort bien peu désirable, si tu restais comme moi en présence d'une jolie femme pendant une ou deux années, sans oser lui baiser la main, de peur de la lui briser. Il y a de ces bijoux délicats qui ne sont bons qu'à mettre sous verre, parce qu'il faut trop les respecter à cause de leur fragilité, de leur grâce ou de leur cherté... Sors-tu souvent ton beau cheval pour lequel tu crains, m'a-t-on dit, les averses et la neige?... Voilà mon histoire... Il est vrai que je suis sûr de la vertu de ma femme; mais mon mariage est une chose de luxe. Si tu me crois marié, tu te trompes fort; et, certainement, mes infidélités sont très légitimes......

Je voudrais bien savoir comment vous feriez à ma place... Il y a bien des hommes qui auraient moins de ménagemens que moi. Je suis sûr, ajouta-t-il à voix basse, que ma femme ne se doute de rien... Aussi je ne me plains pas, je suis très heureux... Seulement, il n'y a rien de plus ennuyeux pour un homme sensible que de voir souffrir une pauvre créature à laquelle on est attaché...

— Tu as beaucoup de sensibilité, répondit M. de Flesselles, car tu es rarement chez toi...

Cette amicale épigramme fit rire les auditeurs; mais lord Arthur resta froid et imperturbable, en gentleman qui a pris la gravité pour base de son caractère. Le lord, interprétant peut-être en faveur de son amour les étranges paroles du mari, attendit avec patience le moment où il pourrait se trouver seul avec le marquis d'Aiglemont, et quand l'occasion s'en présenta :

— Monsieur, lui dit-il, je vois avec une peine infinie l'état de madame la marquise, et si vous saviez que, faute d'un régime particulier, elle doit mourir misérablement, je pense que vous ne plaisanteriez pas sur ses souffrances. Si je vous parle ainsi, j'y suis en quelque sorte autorisé par la certitude que j'ai de sauver madame d'Aiglemont, et de la rendre à la vie et au bonheur. Il est peu naturel qu'un homme de mon rang soit médecin, mais cela est ainsi. Or, je m'ennuie assez pour qu'il me soit indifférent de dépenser mon temps et mes voyages au profit d'un être souffrant, au lieu de satisfaire de sottes fantaisies. Les guérisons de ces sortes de malades ne sont rares que parce qu'elles exigent beaucoup de soins, de temps et de patience; il faut surtout être riche; il faut voyager, suivre scrupuleusement des prescriptions qui varient chaque jour, et qui n'ont rien de désagréable. Nous sommes tous deux riches et gentilshommes; rien ne s'oppose à ce que notre entreprise soit couronnée par un succès complet. Si cette proposition vous sourit, je vous préviens que vous pouvez l'accepter sans crainte, car vous serez à tout moment le juge de ma conduite; je n'entreprendrai rien sans vous avoir pour guide, pour conseil et pour surveillant.

— Il est sûr, milord, dit le marquis en riant,

qu'il n'y a guère qu'un Anglais qui puisse faire une semblable proposition... Permettez-moi de ne pas la repousser et de ne pas l'accueillir; j'y songerai. Puis, avant tout, elle doit être soumise à ma femme.

En ce moment, Julie avait reparu au piano. Elle chanta l'air de Sémiramide, *son regina, son guerriera*. Des applaudissemens unanimes, mais des applaudissemens sourds, pour ainsi dire, les acclamations polies du faubourg Saint-Germain, témoignèrent de l'enthousiasme qu'elle excita.

Lorsque M. d'Aiglemont ramena sa femme à son hôtel, Julie vit avec une sorte de plaisir douloureux le prompt succès de ses tentatives... Son mari, réveillé par le rôle qu'elle venait de jouer, voulut l'honorer d'une fantaisie, et la prit en goût, comme il eût fait d'une actrice. Julie trouva plaisant d'être traitée ainsi, elle vertueuse et mariée; elle essaya de jouer avec son pouvoir; et dans cette première lutte, sa bonté la fit succomber une dernière fois, mais ce fut la plus terrible de toutes les leçons que le sort lui gardait.

Vers deux ou trois heures du matin, Julie était sur son séant, sombre et rêveuse, dans le lit conjugal; une lampe à lueur incertaine éclairait faiblement la chambre; le silence le plus profond y régnait; et, depuis une heure environ, la marquise, livrée à de poignans remords, versait des larmes dont il serait difficile de faire comprendre toute l'amertume. Il fallait avoir l'âme de Julie pour voir, comme elle, l'horreur d'une caresse calculée, tout ce qu'il y a de sinistre dans un baiser froid; espèce de prière à laquelle on ne croit plus, apostasie du cœur jointe à une sorte de prostitution. Elle se mésestimait elle-même, elle maudissait le mariage, elle aurait voulu être morte; et, sans un cri jeté par sa fille, elle se serait peut-être précipitée par la fenêtre, sur le pavé... M. d'Aiglemont dormait paisiblement près d'elle, sans être réveillé par les larmes chaudes que sa femme laissa tomber sur lui.

Le lendemain, Julie sut être gaie. Elle trouva des forces pour paraître heureuse, et cacher, non plus sa mélancolie, mais une invincible horreur. De ce jour, elle ne se regarda plus comme une femme irréprochable; elle s'était menti à elle-même, et dès lors elle était capable d'une dissimulation sans bornes, d'une profondeur étonnante dans le crime. Son mariage était cause de cette perversité *à priori*, sans motif, et qui ne s'exerçait encore sur rien. Elle s'était déjà demandée pourquoi elle résisterait à lord Arthur, à un amant aimé, puisqu'elle se donnait, contre son cœur et contre le vœu de la nature, à un mari qu'elle n'aimait pas. Toutes les fautes, et les crimes peut-être, ont pour principe un mauvais raisonnement ou quelque excès d'égoïsme. La marquise oubliait que la société ne peut exister que par nos sacrifices, et que les malheureux, sans pain, obligés de respecter la propriété, ne sont pas moins à plaindre que les femmes quand elles sont blessées dans ce qu'elles ont de plus cher.

Quelques jours après cette scène, dont le lit conjugal garda les secrets, M. d'Aiglemont présenta lord Grenville à sa femme. Julie reçut Arthur avec une politesse froide qui faisait honneur à sa dissimulation. Elle imposa silence à son cœur, elle voila ses regards, elle donna de la fermeté à sa voix; et, lorsque l'espoir d'une prompte guérison lui eut souri, que les paroles et les manières du jeune Anglais lui permirent de croire qu'elle n'aurait à redouter aucune séduction, elle n'opposa point de résistance à la volonté de M. d'Aiglemont, et tous trois partirent pour les eaux d'Aix.

LA DÉCLARATION.

Moncontour, ancien manoir, situé sur un de ces blonds rochers, au bas desquels passe la Loire, non loin de l'endroit où Julie s'était arrêtée en 1814, est un de ces petits châteaux de Touraine, blancs, jolis, à tourelles, sculptés, brodés comme une dentelle de Malines; un de ces châteaux mignons, pimpans, qui se mirent dans les eaux du fleuve, avec leurs bouquets de mûriers, leurs vignes, leurs chemins creux, leurs longues balustrades à jour, leurs caves en rocher, leurs festons de lierre échevelés, leurs escarpemens et leur gaieté. Les toits de

Moncontour pétillent sous les rayons du soleil : tout y est ardent. Il y a mille vestiges de l'Espagne dans cette ravissante habitation : les genêts d'or, les fleurs à clochettes embaument les airs ; l'air vous caresse, la terre sourit partout, et partout de douces magies enveloppent l'âme, la rendent paresseuse, amoureuse, l'amollissent et la bercent.

Cette belle et suave contrée endort les douleurs et réveille les passions. Il y a de la passion dans le ciel pur, dans les eaux scintillantes... Là meurt plus d'une ambition, là vous vous couchez au sein d'un tranquille bonheur comme le soleil, chaque soir, dans ses langes de pourpre et d'azur.

Par une douce soirée du mois d'août, en 1821, deux personnes gravissaient les chemins pierreux qui découpent les rochers sur lesquels est assis le château, et se dirigeaient vers les hauteurs pour y admirer sans doute les points de vue multipliés qu'on y découvre.

Ces deux personnes étaient Julie et lord

Grenville ; mais c'était une Julie toute nouvelle. La marquise avait un teint frais, de vives couleurs, les couleurs de la santé. Ses yeux, vivifiés par le bonheur, par une force secrète, puissance de vie féconde, étincelaient à travers une humide vapeur, semblable à celle qui donne aux regards des enfans d'irristibles attraits. Elle souriait; elle était heureuse de vivre; elle vivait; elle concevait la vie; elle marchait gaiement; et à la manière dont elle levait ses pieds mignons, il était facile de voir que nulle souffrance n'alourdissait, comme autrefois, ses moindres mouvemens, n'alanguissait ni ses regards, ni ses paroles, ni ses gestes. Sous l'ombrelle de soie blanche qui la garantissait des chauds rayons du soleil, elle ressemblait à une jeune mariée sous son voile, à une vierge prête à se livrer aux enchantemens de l'amour.

Arthur la conduisait avec un soin d'amant. Il la guidait comme on guide un enfant, la mettant dans le meilleur chemin, lui faisant éviter les pierres, lui montrant une échappée de vue, ou l'amenant devant une fleur, toujours mu par un sentiment perpétuel de bonté, par une intention délicate, par une connaissance intime du bien-être de cette femme, sentimens qui semblaient être innés en lui, autant et plus peut-être que le mouvement nécessaire à sa propre vie. Ils marchaient du même pas, sans être étonnés d'un accord qui paraissait avoir existé dès le premier jour où ils marchèrent ensemble... Ils obéissaient à une même volonté; s'arrêtaient, impressionnés par une même sensation; et leurs regards, leurs paroles correspondaient à des pensées mutuelles.

Parvenus tous deux en haut d'une vigne, ils s'assirent sur une de ces longues pierres blanches que l'on extrait continuellement des caves pratiquées dans le rocher; et, en s'asseyant, Julie s'écria :

— Oh! le beau pays!... C'est ici qu'il faut vivre!...

— Victor!... cria-t-elle, venez donc!... venez donc!...

M. d'Aiglemont répondit d'en-bas par un cri de chasseur, mais sans hâter sa marche;

seulement, il regardait sa femme de temps à autre, lorsque les sinuosités du sentier le lui permettaient.

Julie aspira l'air avec plaisir en levant la tête et en jetant à sir Arthur un de ces coups-d'œil fins, qui disent tout ce que les femmes pensent.

— Oh! s'écria-t-elle, je voudrais rester toujours ici!... Peut-on jamais se lasser de voir cette belle vallée ? Savez-vous le nom de cette jolie rivière ?...

— C'est la Cise!...

— La Cise!... répéta-t-elle.

— Et là-bas ? devant nous?... Qu'est-ce?...

— Ce sont les côteaux du Cher, dit-il.

— Et sur la droite?... Ah! c'est Tours!... Oh! voyez donc quel effet produisent les clochers de la cathédrale dans le lointain!...

Puis, elle resta muette, et laissa tomber la

main qu'elle avait étendue du côté de la ville, sur la main d'Arthur. Tous deux, silencieux, comtemplèrent le paysage et les beautés de cette nature harmonieuse. Le murmure des eaux, la pureté de l'air et du ciel, tout s'accordait avec les pensées qui vinrent en foule dans leurs cœurs aimans et jeunes.

— Oh! mon Dieu! que j'aime ce pays! répéta Julie avec un enthousiasme croissant et naïf.

— Vous l'avez habité long-temps?... reprit-elle.

A ces mots, lord Grenville tressaillit.

— C'est là, répondit-il avec mélancolie en montrant un bouquet de noyers sur la route, là, que je vous vis pour la première fois...

— Oui, mais j'étais déjà bien triste; cette nature me sembla sauvage, et maintenant...

Elle s'arrêta, lord Grenville n'osa pas la regarder.

— C'est à vous, dit enfin Julie après un long silence, que je dois ce plaisir... Il faut être vivante pour éprouver les joies de la vie, et, jusqu'à présent, j'ai été morte à tout bonheur. Vous m'avez donné plus que la santé, vous m'avez appris à en sentir toute la valeur....

Les femmes ont un art merveilleux pour exprimer leurs sentimens, sans employer des paroles trop vives ; leur éloquence est surtout dans l'accent, dans le geste, l'attitude et les regards.

Lord Grenville se cacha la tête dans ses mains, car des larmes roulaient dans ses yeux. Ce remerciement était le premier que Julie lui eût adressé depuis leur départ de Paris.

Pendant une année entière, il avait soigné la marquise avec le dévouement le plus entier. Secondé par M. d'Aiglemont, il l'avait conduite aux eaux d'Aix; puis, sur les bords de la mer à la Rochelle. Épiant à toute heure, à tout moment, les changemens que ses savantes et simples prescriptions produisaient sur la constitution délabrée de Julie, il l'avait cultivée comme une fleur rare peut l'être par un horticulteur passionné. La marquise avait reçu ces soins intelligens avec tout l'égoïsme d'une Parisienne habituée aux hommages, ou avec l'insouciance d'une courtisane qui ne sait, ni le prix des choses, ni la valeur des hommes, et qui les prise au degré d'utilité dont ils lui sont.

L'influence exercée sur l'âme par les lieux est une chose digne de remarque. Si la mélancolie nous gagne infailliblement lorsque nous sommes au bord des eaux, une autre loi de notre nature impressible fait que, sur les montagnes, nos sentimens s'épurent, et la passion y gagne en profondeur ce qu'elle paraît perdre de vivacité. L'aspect du vaste bassin de la Loire, et l'élévation de la jolie colline où les deux amans s'étaient assis, causaient peut-être le calme délicieux dans lequel ils savourèrent d'abord un bonheur inconnu, celui de deviner toute la passion cachée par des paroles insignifiantes en apparence.

Au moment où Julie achevait la phrase dont milord Grenville avait été si vivement ému, une brise caressante agita la cime des arbres, répandit la fraîcheur des eaux dans l'air, et les nuages ayant couvert le soleil, des ombres molles et douces permirent d'apercevoir toutes les beautés de cette splendide nature.

Julie détourna la tête pour dérober à son sauveur la vue des larmes qu'elle réussit à retenir et à sécher dans ses yeux, car l'attendrissement d'Arthur l'avait promptement gagnée. Elle n'osa pas le regarder, car il aurait lu trop de bonheur sur sa physionomie ; et, par un instinct de femme, elle sentait, qu'à cette heure dangereuse, elle devait ensevelir son amour au fond de son cœur. Cependant le silence pouvait être redoutable ; alors Julie, s'apercevant que lord Grenville était hors d'état de prononcer une parole, continua d'une voix douce :

— Vous êtes touché de ce que je vous ai dit, milord. Peut-être cette vive expansion est-elle un reproche indirect ; et, tout à la fois, le repentir d'une âme aussi gracieuse et bonne que l'est la vôtre... Vous m'aurez crue ingrate en me trouvant froide et réservée, ou moqueuse et insensible pendant ce voyage qui, heureusement, va se terminer bientôt... Je n'aurais pas été digne de recevoir vos soins si je ne les avais pas appréciés... Milord, je n'ai rien oublié... Malheureusement, je n'oublierai rien... ni la sollicitude qui vous faisait veiller sur moi comme une mère veille sur son enfant, ni surtout la belle confiance de nos discours, la noblesse de vos procédés ; mais il est hors de mon pouvoir de vous récompenser...

A ce mot, Julie s'éloigna vivement, et lord Grenville ne fit aucun mouvement pour l'arrêter... La marquise alla sur une roche, à une faible distance, et y resta immobile. Leurs émotions furent un secret pour eux-mêmes. Sans doute ils pleurèrent ; et, dans ce silence, les chants des oiseaux si gais, si prolixes d'expressions tendres au coucher du soleil, durent augmenter la violente commotion qui les avait forcés de se séparer. La nature leur exprimait l'amour dont ils n'osaient parler.

—Hé bien, milord !... reprit Julie.

Elle était debout, devant lui, dans une attitude pleine de dignité.

—Hé bien, milord, répéta-t-elle en prenant

la main d'Arthur, je vous demanderai de rendre pure et sainte la vie que vous m'avez restituée... Ici, nous nous séparerons...

Je sais, ajouta-t-elle en voyant pâlir Grenville, que, pour prix de votre dévouement, je vais exiger de vous un sacrifice encore plus grand que ceux dont je devrais mieux reconnaître l'étendue... Mais, il le faut... vous quitterez la France...

Arthur se leva.

— Oui, dit-il.

En ce moment, il montra M. d'Aiglemont, qui, tenant sa fille dans ses bras, parut de l'autre côté d'un chemin creux, sur la balustrade du château. Il y avait grimpé pour y faire sauter sa petite Hélène.

— Julie, je ne vous parlerai point de mon amour; nos âmes se comprennent trop bien; et quelque profonds, quelque secrets que fussent nos plaisirs de cœur, vous les avez tous partagés... Je le sens, je le sais, je le vois, Maintenant, j'acquiers la délicieuse preuve de la constante sympathie de nos cœurs, mais je fuirai... J'ai plusieurs fois calculé trop habilement les moyens de tuer cet homme.

— J'ai eu la même pensée!... dit-elle en laissant paraître sur sa figure troublée les marques d'une surprise douloureuse.

Mais il y avait tant de vertu, tant de certitude d'elle-même, et tant de victoires secrètement remportées sur l'amour, dans l'accent et le geste qui échappèrent à Julie, que lord Grenville demeura pénétré d'admiration... L'ombre même du crime s'était évanouie dans cette naïve conscience... Un sentiment religieux dominait sur ce beau front, et devait toujours chasser les involontaires et mauvaises pensées dont notre imparfaite nature est tributaire ici-bas, et qui montrent tout à la fois la grandeur et les périls de notre destinée.

— Votre mépris nous aurait sauvés!... car il m'aurait tuée... reprit-elle en baissant les yeux.

— Vous ne me haïssez donc pas?...

Ils restèrent encore un moment silencieux, occupés à dévorer leurs peines... Bonnes et mauvaises, leurs pensées étaient fidèlement les mêmes, et ils s'entendaient aussi bien dans leurs intimes plaisirs que dans leurs fécondes douleurs.

— Je ne dois pas murmurer... Le malheur de ma vie est mon ouvrage, ajouta-t-elle.

Elle leva au ciel des yeux pleins de larmes.

— Milord, s'écria M. d'Aiglemont de sa place en faisant un geste, c'est ici que nous nous sommes rencontrés ; tenez, là, au bas de ces peupliers !...

L'Anglais répondit par une brusque inclination de tête.

— Je devais mourir jeune et malheureuse, répondit Julie ; car ne croyez pas que je vive... Le chagrin sera tout aussi mortel que la terrible maladie dont vous m'avez guérie. Je ne me crois pas coupable ; non, les sentimens que j'ai conçus pour vous sont irrésistibles, éternels ; mais ils ont été involontaires, et... je veux rester vertueuse. Cependant, je serai tout à la fois fidèle à ma conscience d'épouse, à mes devoirs de mère, et aux vœux de mon cœur... Écoutez, reprit-elle d'une voix altérée, je n'appartiendrai jamais plus à cet homme...

Et, par un geste effrayant d'horreur et de vérité, Julie montra son mari.

— Les lois du monde, reprit-elle, exigent que je lui rende l'existence heureuse, j'y obéirai; je serai sa servante; mon dévouement pour lui sera sans bornes, mais, d'aujourd'hui je suis veuve. Je ne veux être une prostituée, ni à mes yeux ni à ceux du monde; si je ne suis point à M. d'Aiglemont, je ne serai jamais à un autre. Vous n'aurez de moi que ce que vous m'avez arraché...

— Voilà l'arrêt que j'ai porté sur moi-même, dit-elle, en regardant Arthur avec fierté. Il est irrévocable, milord... Maintenant, apprenez que si vous cédiez à une pensée criminelle, la veuve de M. d'Aiglemont entrerait dans un cloître, soit en Italie, soit en Espagne... Le malheur a voulu que nous ayons parlé de notre amour; cette scène était inévitable peut-être; mais que ce soit pour la dernière fois que nos cœurs aient si fortement vibré... Demain, vous feindrez de recevoir une lettre qui vous appelle en Angleterre, et... nous nous quitterons... pour ne plus nous revoir...

Cependant, l'effort était au-dessus des forces d'une femme, Julie sentit ses genoux fléchir, un froid mortel la saisit; et, par une pensée toute féminine, elle s'assit pour ne pas tomber dans les bras d'Arthur.

— Julie!... cria lord Grenville.

Ce cri perçant retentit comme un éclat de tonnerre, et dans cette déchirante clameur, il y avait tout ce que l'amant, jusque-là muet, n'avait pu dire.

— Hé bien! qu'a-t-elle donc?... demanda M. d'Aiglemont.

En entendant ce cri, le marquis avait hâté le pas, et il se trouva soudain devant les deux amans.

— Ce ne sera rien!... dit Julie avec cet admirable sang-froid que la finesse naturelle aux femmes leur permet d'avoir assez souvent dans les grandes crises de la vie. La fraîcheur de ce noyer a failli me faire perdre connaissance, et mon docteur a dû en frémir de peur... Je suis pour lui comme une œuvre d'art qui n'est pas encore achevée... Il a peut-être tremblé de la voir détruite...

Puis, audacieusement, elle prit le bras de lord Grenville, sourit à son mari, regarda le paysage avant de quitter le sommet des rochers, et entraîna son compagnon de voyage en lui prenant la main, après s'être écriée :

— Voici, certes, le plus beau site que nous ayons vu!... Je ne l'oublierai jamais!... Voyez donc, Victor, quels lointains!... quelle étendue et quelle variété. C'est un pays qui fait concevoir l'amour!...

Riant d'un rire presque convulsif, mais riant de manière à tromper son mari, elle sauta gaiement dans les chemins creux, et disparut.

— Eh quoi, si tôt!... dit-elle quand elle se trouva loin de M. d'Aiglemont. Hé quoi, mon ami, dans un instant nous ne pourrons plus être, et ne serons plus jamais nous-mêmes, nous ne vivrons plus...

— Allons lentement, répondit lord Grenville, les voitures sont encore loin ; et, alors, si nous marchons ensemble, s'il nous est permis de mettre des paroles dans nos regards, nos cœurs prolongeront les cruelles délices de ce moment.

Alors, ils se promenèrent sur la levée, au bord des eaux, aux dernières lueurs du soir, presque silencieusement, disant des vagues paroles, douces comme le murmure de la Loire, mais qui remuaient l'âme; et le soleil, au moment de sa chute, les enveloppa de ses reflets rouges avant de disparaître; image mélancolique de leur fatal amour.

M. d'Aiglemont les suivait ou les devançait, se mêlant peu de la conversation, car il était très inquiet de ne pas retrouver sa voiture à l'endroit où il l'avait laissée. La conduite aussi noble que délicate de lord Grenville pendant ce voyage, ayant détruit tous les soupçons que ce dévouement bizarre pouvait inspirer au marquis, celui-ci laissait depuis quelque temps sa femme libre, et vivait sur la foi punique du lord-docteur.

Alors, Arthur et Julie marchèrent encore dans le triste et douloureux accord de leurs cœurs flétris. Naguère, en montant à travers les escarpemens de Moncontour, il avaient tous deux une vague espérance, un inquiet bonheur dont ils n'osaient pas se demander compte; mais en descendant le long de la levée, ils avaient renversé le frêle édifice qui s'était élevé dans leur imagination, et sur lequel ils n'osaient respirer, semblables aux enfans qui prévoient la chute des châteaux de cartes qu'ils bâtissent. Ils étaient sans espérance.

Le soir même, lord Grenville partit; et le dernier regard qu'il jeta sur Julie prouva malheureusement qu'il s'était méfié de lui, depuis le moment où la violence de leur sympathie leur avait révélé l'étendue de la passion qu'ils couvaient depuis si long-temps.

Quand Victor et Julie se trouvèrent le lendemain assis au fond de leur voiture, sans leur compagnon de voyage, et qu'ils parcoururent avec rapidité la route que jadis la marquise avait faite en 1814, accompagnée par sir Arthur, dont alors elle avait presque maudit l'amour, elle retrouva mille impressions oubliées. Le cœur a sa mémoire à lui. Telle femme incapable de se rappeler les évènemens les plus graves, se souviendra pendant toute sa vie des choses qui importent à ses sentimens. Aussi, Julie eut souvenance de détails même frivoles ; elle reconnut avec bonheur les plus légers incidens de son premier voyage, et même les pensées qui lui étaient venues à certains endroits de la route.

Victor, redevenu passionnément amoureux de sa femme depuis qu'elle avait recouvré toute la fraîcheur de la jeunesse et sa merveilleuse beauté, se serra près d'elle à la façon des amans. Lorsqu'il essaya de la prendre dans ses bras, elle se dégagea doucement, et trouva je ne sais quel prétexte de fatigue pour éviter cette innocente caresse. Puis, bientôt, elle eut horreur du contact de Victor, dont elle sentait et partageait la chaleur, par la manière dont ils étaient assis. Elle voulut se mettre seule sur le devant de la voiture ; mais son mari lui fit la grâce de la laisser dans le fond. Elle le remercia de cette attention par un soupir auquel il se méprit, et cet ancien séducteur de garnison, interprétant à son avantage la mélancolie de sa femme, la mit à la fin du jour dans l'obligation de lui dire avec une fermeté qui lui imposa :

— Mon ami, vous avez déjà failli me tuer ; vous le savez. Si j'étais encore une jeune fille sans expérience, je pourrais recommencer le sacrifice de ma vie ; mais je suis mère, j'ai une fille à élever : je me dois autant à elle qu'à vous. Subissons un malheur qui nous atteint également. Vous êtes le moins à plaindre, puisque vous avez su trouver des consolations que mon devoir, notre honneur commun, et, mieux que cela, la nature m'interdisent.

— Tenez !..., ajouta-t-elle, vous avez étourdiment oublié dans un tiroir trois lettres de madame de Roulay : les voici. Ceci vous prouvera que vous avez en moi une femme pleine d'indulgence, et qui n'exigeait pas de vous les sacrifices que les lois nous condamnent à faire; mais j'ai assez réfléchi pour savoir que nos rôles ne sont pas les mêmes, et que nous sommes prédestinées au malheur. Ma vertu repose sur des principes arrêtés et fixes; je veux vivre, mais vivre irréprochable.

Le marquis fut abasourdi par la logique dont les femmes savent étudier toutes les ressources aux clartés de l'amour, et fut subjugué par l'espèce de dignité qui leur est naturelle dans ces sortes de crises.

La répulsion instinctive que Julie manifestait pour tout ce qui froissait son amour et les vœux de son cœur, est certes une des plus belles choses de la femme, et vient peut-être d'une vertu naturelle qu'aucune loi, qu'aucune civilisation ne fera taire. Et qui oserait les en blâmer? Quand elles ont imposé silence à cette aversion, ne sont-elles pas comme des prêtres sans croyance? Si les esprits rigides blâment l'espèce de transaction conclue par Julie entre ses devoirs et son amour, les âmes passionnées lui en feront un grand crime. Cette réprobation générale accuse tout le malheur qui attend les désobéissances aux lois sociales.

LE RENDEZ-VOUS.

— Vous allez être bienheureuse, madame la marquise, dit M. d'Aiglemont en posant sur une table la tasse dans laquelle il venait de boire son café après le dîner.

Le marquis regarda madame de Wimphen d'un air moitié malicieux, moitié chagrin; puis, il ajouta :

— Je pars pour une longue chasse, où je vais avec le grand-veneur. Vous serez au moins pendant huit jours absolument veuve, et c'est ce que vous désirez un peu, je crois...

— Guillaume !... dit-il au valet qui vint enlever les tasses, faites atteler.

Madame de Wimphen était cette Louise à laquelle jadis madame d'Aiglemont voulait conseiller le célibat.

Les deux femmes se jetèrent un regard d'intelligence qui prouvait que Julie avait trouvé, dans son amie, une confidente de ses peines, confidente précieuse et charitable, car elle était très heureuse en mariage ; et, dans la situation opposée où elles se trouvaient, peut-être le bonheur de l'une était-il une garantie de son dévouement au malheur de l'autre ; en ce cas, la dissemblance des destinées est sans doute un lien puissant de l'amitié.

— Est-ce le temps de la chasse ?... dit Julie en jetant un regard indifférent à son mari.

Le mois de mars était à sa fin.

— Madame, le grand-veneur chasse quand il veut, et où il veut... Nous allons en forêt royale, tuer des sangliers...

— Prenez garde qu'il ne vous arrive quelque accident...

— Un malheur est toujours imprévu... répondit-il en souriant.

— La voiture de monsieur !... cria Guillaume.

M. d'Aiglemont se leva, baisa la main de madame de Wimphen, et, se tournant vers Julie :

— Madame, si je périssais victime d'un sanglier...

— Qu'est-ce que cela signifie ?... demanda madame de Wimphen.

— Allons, venez, dit madame d'Aiglemont à Victor.

Puis, elle sourit en répondant à Louisa :

— Tu vas voir !...

Et Julie tendit son col à son mari, qui s'avança pour l'embrasser; mais la marquise se baissa de telle sorte que le baiser conjugal glissa sur la ruche de sa pèlerine.

— Vous en témoignerez devant Dieu!... reprit M. d'Aiglemont en s'adressant à madame de Wimphen, il me faut un firman pour obtenir même cette légère faveur!... Voilà comment ma femme entend l'amour... Elle m'a amené là, je ne sais par quelle ruse... Bien du plaisir.

Et il sortit.

— Mais ton pauvre mari est vraiment bien bon!... s'écria Louisa quand les deux femmes se trouvèrent seules. Il t'aime!

— Oh! n'ajoute pas un mot à ce mot; car le nom que je porte me fait horreur...

— Oui, mais il t'obéit!... dit Louisa.

— Oui..., répondit Julie, mais son obéissance est fondée en partie sur la grande estime que je lui ai inspirée. Je suis une femme très vertueuse selon les lois ; je lui rends sa maison agréable ; je ferme les yeux sur ses intrigues ; je ne prends rien sur sa fortune ; il peut gaspiller les revenus à son gré ; j'ai soin seulement de conserver notre capital... A ce prix, j'ai la paix!...; Il ne s'explique pas, ou ne veut pas s'expliquer mon existence. Mais si je mène ainsi mon mari, ce n'est pas sans redouter les effets de son caractère... Je suis comme un conducteur d'ours qui tremble qu'un jour la muselière ne se brise... Si Victor croyait avoir le droit de ne plus m'estimer; je n'ose prévoir ce qui pourrait arriver ; car il est violent, il est plein d'amour-propre, de vanité ; il n'a pas l'esprit assez subtil pour prendre un parti sage dans une circonstance délicate où ses passions mauvaises seraient mises en jeu ; il est faible de caractère : il me tuerait peut-être provisoirement, et mourrait de chagrin le lendemain... Mais ce fatal bonheur n'est pas à craindre...

Il y eut un moment de silence.

— J'ai été bien cruellement obéie... reprit Julie en lançant un regard d'intelligence à Louisa; mais je ne lui avais pas interdit de m'écrire... Ah! il m'a oubliée... et il a eu raison. Il serait par trop funeste que sa destinée fût brisée! n'est-ce pas assez de la mienne?... Croirais-tu, ma chère, que je lis les journaux anglais, dans le seul espoir de voir son nom imprimé!... Eh bien, il n'a pas encore paru à la chambre des lords...

— Tu sais donc l'anglais?...

— Je ne te l'ai pas dit?... Je l'ai appris!...

— Oh, pauvre petite!... s'écria Louisa en saisissant la main de Julie; mais comment peux-tu vivre encore?...

— Oh, ceci est un secret!... répondit la marquise en laissant échapper un geste de naïveté enfantine... Écoute... Je prends de l'opium. L'histoire de la duchesse de..., à Londres, m'en a donné l'idée... Tu sais, Mathurin en a fait un roman... Mes gouttes de laudanum sont très faibles... Je dors. Je n'ai guère que sept heures de veille, et je les donne à ma fille...

Louisa regarda le feu, n'osant contempler son amie, dont elle conçut pour la première fois toute la vie, toute la misère.

— Louisa... garde-moi bien le secret... dit Julie après un moment de silence.

Tout-à-coup un valet entra, et apporta une lettre à la marquise.

— Oh!... s'écria-t-elle en pâlissant.

Quand le laquais se fut retiré :

— Je ne demanderai pas de qui... lui dit madame de Wimphen.

Julie lisait; elle n'entendait plus rien... Son amie, attentive, vit les sentimens les plus actifs, l'exaltation la plus dangereuse, se peindre sur le visage de la marquise; elle rougissait, elle pâlissait tour à tour... Puis, elle jeta le papier dans le feu.

— Cette lettre est incendiaire! Oh! mon cœur m'étouffe!...

Elle se leva, marcha; ses yeux brûlaient.

— Il n'a pas quitté Paris!... s'écria-t-elle.

Son discours saccadé, que madame de Wimphen n'osa pas interrompre, fut scandé par des pauses effrayantes ; et, à chaque interruption, les phrases étaient prononcées d'un accent de plus en plus profond. Les derniers mots eurent quelque chose de terrible.

— Il n'a pas cessé de me voir, — à mon insu!... — Il vit d'un regard. — Un regard chaque jour le soutient dans la vie. — C'est sa nourriture. — Est-ce aimer, cela? — Tu ne sais pas, Louisa!... — Il meurt!... — Il me demande à me dire adieu!... — Il va venir. — Il sait que mon mari s'est absenté ce soir pour plusieurs jours, et il va venir ici. — Il va venir dans un moment. — Oh! j'y périrai. — Je suis perdue. — Écoute! reste avec moi. — Devant deux femmes, il n'osera pas!... Oh! reste ici!... — Je me crains!...

— Mais mon mari sait que j'ai dîné chez toi, répondit madame de Wimphen ; il doit venir me chercher...

— Eh bien! avant ton départ, je l'aurai renvoyé. Je serai notre bourreau à tous deux!... Mais il va croire que je ne l'aime plus!... Et cette lettre!... Oh! ma chère, il y a des phrases que je vois écrites devant moi en traits de feu...

Une voiture roula sous la porte.

— Ah!... s'écria la marquise avec une sorte de joie, il vient publiquement et sans mystère!...

— Lord Grenville!... cria le valet.

La marquise resta debout, immobile. En voyant Arthur pâle, maigre et hâve, il n'y avait plus de sévérité possible.

Quoique lord Grenville fût violemment contrarié de ne pas trouver Julie seule, il parut calme et froid; mais, pour ces deux femmes initiées aux mystères de son amour, sa contenance, le son de sa voix, l'expression de ses regards, eurent un peu de la puissance attribuée à la torpille. La marquise et madame de Wimphen restèrent comme engourdies par la vive communication d'une douleur horrible.

Le son de la voix de lord Grenville faisait palpiter si cruellement madame d'Aiglemont, qu'elle n'osait lui répondre de peur de révéler à son amant l'étendue du pouvoir qu'il exerçait sur elle; lord Grenville n'osait regarder Julie, en sorte que madame de Wimphen fit presque à elle seule les frais d'une conversation sans intérêt.

Lui jetant un regard empreint d'une touchante reconnaissance, Julie la remercia du secours qu'elle lui donnait ; et, alors, les deux amans, imposant silence à leurs sentimens, restèrent dans les bornes prescrites par le devoir et par les convenances.

Mais bientôt on annonça M. de Wimphen.

En le voyant entrer, les deux amies se lancèrent un regard, et comprirent, sans se parler, les nouvelles difficultés de la situation. Il était impossible de mettre M. de Wimphen dans le secret de ce drame, et Louisa n'avait pas de raisons valables à donner à son mari, en lui demandant à rester chez son amie.

Lorsque madame de Wimphen mit son châle, Julie se leva comme pour aider Louisa à l'attacher, et dit à voix basse :

— J'aurai du courage !... S'il est venu publi-

quement chez moi, que puis-je craindre?...
Maintenant je résisterai ; mais, sans toi, dans
le premier moment... en le voyant si changé,
je serais tombée à ses pieds.

Les deux amies s'embrassèrent. Julie était
brûlante.

— Hé bien ! Arthur, vous ne m'avez pas
obéi?... dit madame d'Aiglemont d'une voix
tremblante, en revenant prendre sa place sur
une causeuse, où lord Grenville n'osa venir
s'asseoir.

— Je n'ai pu résister plus long-temps au plaisir d'entendre votre voix, d'être près de vous.
— C'était une folie, un délire. — Je ne suis plus
maître de moi..... je me suis bien consulté : je
suis trop faible. — Il faut que je meure! — Et
mourir sans vous avoir vue, sans avoir écouté
le bruit de vos pas, le frémissement de votre robe,
sans avoir recueilli vos pleurs ! Quelle mort!..

Il se leva brusquement, comme pour s'éloigner de Julie, mais ce mouvement fit tomber
un pistolet de sa poche.

La marquise regarda cette arme d'un œil qui n'exprimait plus ni passion ni pensée. Milord Grenville ramassa le pistolet.

— Arthur ?... demanda Julie.

— Madame, répondit-il en baissant les yeux, j'étais venu plein de désespoir... — Je voulais...

Il s'arrêta.

— Vous vouliez vous tuer chez moi !... s'écria-t-elle.

— Non pas seul !... dit-il d'une voix douce.

— Eh quoi ! mon mari, peut-être ?...

— Non, non !... s'écria-t-il d'une voix étouffée.

— Mais rassurez-vous, reprit-il, mon fatal projet s'est évanoui : lorsque je suis entré, que je vous ai vue... alors, je me suis senti le courage de me taire, de mourir seul.

Julie se leva, se jeta dans les bras d'Arthur en pleurant; et, à travers ses sanglots, il distingua de vagues paroles pleines de passion.

— Connaître le bonheur et mourir, dit-elle.
— Eh bien, oui!...

Toute l'histoire de Julie était dans ce cri profond ; cri de nature et d'amour, cri de toute sa vie ; fatale curiosité de femme, et à laquelle presque toutes succombent!...

Arthur la saisit, et la porta sur le canapé, par un mouvement empreint de toute la violence que donne un bonheur inespéré.

Mais tout-à-coup, s'arrachant des bras de son amant, la marquise lui jeta un regard fixe, le prit par la main, saisit un flambeau, l'entraîna dans sa chambre à coucher ; puis, parvenue au lit où dormait Hélène, elle repoussa doucement les rideaux, découvrit son enfant, et mit sa main blanche devant la bougie, afin que la clarté n'offensât pas les paupières transparentes et à peine fermées de la petite fille.

Hélène avait les bras ouverts, et souriait en dormant.

Julie montra par un regard son enfant à lord Grenville. Ce regard disait tout.

— Un mari, nous pouvons l'abandonner quand il nous aime peu ou point. — Nous pouvons mépriser les lois du monde. — Un homme est un être fort, il a des consolations... mais un enfant sans mère !...

Toutes ces pensées, et mille autres plus attendrissantes encore étaient dans ce regard. Hélène s'éveilla.

— Maman !...

A ce mot, Julie fondit en larmes.

Lord Grenville s'assit et resta les bras croisés, muet et sombre.

— Maman !...

Cette jolie, cette naïve interpellation réveilla des sentimens nobles et tant d'irrésistibles sympathies, que l'amour fut écrasé sous les imposantes joies, sous la voix puissante de la maternité... Julie ne fut plus une femme curieuse ou fragile, elle fut mère.

Lord Grenville admirait son idole; il ne

résista pas long-temps; les larmes de Julie le gagnèrent.

En ce moment, une porte fermée avec violence fit un grand bruit, et ces mots retentirent :

— Madame d'Aiglemont, est-ce que tu es par ici?...

Le marquis était revenu.

Avant que Julie, frappée d'étonnement, eût pu retrouver son sang-froid, M. d'Aiglemont se dirigeait de sa chambre dans celle de sa femme; ces deux pièces étaient contiguës.

Heureusement, Julie fit un signe à lord Grenville, et celui-ci alla se jeter dans un cabinet de toilette dont la marquise ferma vivement la porte.

— Eh bien! ma femme, lui dit Victor, me voici... — La chasse n'a pas lieu. — Je vais me coucher...

— Bonsoir, lui dit-elle, je vais en faire autant; ainsi, laissez-moi me déshabiller.

— Vous êtes bien revêche ce soir!... Je vous obéis, madame la marquise...

M. d'Aiglemont rentra dans sa chambre ; Julie l'accompagna pour fermer la porte de communication ; puis, elle s'élança pour délivrer lord Grenville, car elle avait retrouvé toute sa présence d'esprit; et, pensant que la visite de son ancien docteur était fort naturelle ; qu'elle pouvait l'avoir laissé au salon pour venir coucher sa fille, elle allait lui dire de s'y rendre sans bruit ; mais quand elle ouvrit la porte, elle jeta un cri perçant!...

Les doigts de lord Grenville avaient été pris et écrasés par elle dans la porte.

— Eh bien ! qu'as-tu donc ?... lui cria son mari...

— Rien, rien... répondit-elle, je viens de me piquer le doigt avec une épingle.

La porte de communication se rouvrit tout-à-coup, et la marquise, croyant que son mari venait attiré par son cri, maudit cette sollicitude où le cœur n'était pour rien.

Elle eut à peine le temps de pousser celle du cabinet de toilette, lord Grenville n'avait pas encore pu dégager sa main, M. d'Aiglemont reparut, mais amené par une inquiétude toute personnelle.

— Peux-tu me prêter un foulard ? ce drôle de Charles me laisse sans mouchoir de tête... Autrefois, tu te mêlais de mon linge... Maintenant je suis livré au bras séculier de ces gens-là, qui se moquent tous de moi.

— Tenez, voilà un foulard. Vous n'êtes pas entré dans le salon ?...

— Non !...

— Vous y auriez vu lord Grenville.

— Il est à Paris ?

— Apparemment !...

— Oh ! j'y vais, ce bon docteur...

— Il doit être parti... s'écria Julie.

Le marquis était en ce moment au milieu de la chambre de sa femme, et se coiffait avec le foulard, en se regardant avec complaisance dans la glace...

— Je ne sais pas où sont nos gens... dit-il. J'ai sonné Charles déjà trois fois, il n'est pas venu. Vous êtes donc sans votre femme de chambre?... Sonnez-la, je voudrais avoir cette nuit une couverture de plus à mon lit.

— Pauline est sortie... répondit sèchement la marquise.

— A minuit!... dit M. d'Aiglemont.

— Je lui ai permis d'aller à l'Opéra...

— Cela est singulier, reprit le mari tout en se déshabillant, j'ai cru la voir en montant l'escalier...

— Alors elle est rentrée! dit la marquise.

Là-dessus, elle tira le cordon de la sonnette, mais faiblement.

. . . .

Les évènemens de cette nuit n'ont pas été parfaitement connus; mais ils durent être tous aussi simples, aussi horribles que les incidens vulgaires et domestiques qui précèdent. Le lendemain, la marquise d'Aiglemont avait, à son réveil, plusieurs mèches de cheveux entièrement blanchies.

— Qu'est-il donc arrivé d'extraordinaire chez toi, pour que tout le monde parle de ta femme? demanda M. de Flesselles et M. d'Aiglemont, quelques jours après cet évènement.

— Crois-moi, reste garçon! dit M. d'Aiglemont. Le feu a pris aux rideaux du lit où couchait Hélène; ma femme a eu un tel saisissement, que ses cheveux ont blanchi tout-à-coup. Vous épousez une jolie femme, elle enlaidit; vous épousez une jeune fille pleine de santé, elle devient malingre; vous la croyez passionnée, elle est froide; ou bien, passionnée en apparence, elle est réellement de marbre; tantôt la créature la plus douce est quinteuse, et jamais les quinteuses ne deviennent douces... Je suis las du mariage.

— Ou de ta femme?...

— Cela serait difficile... A propos... veux-tu venir à Saint-Thomas-d'Aquin avec moi... à l'enterrement de lord Grenville ?...

— Mais, reprit Flesselles, sait-on décidément la cause de sa mort ?

— Son valet de chambre prétend qu'il est resté toute une nuit sur l'appui extérieur d'une fenêtre pour sauver l'honneur de sa maîtresse.

— Mais cela est très estimable... Nous ne ferions plus cela, nous autres...

SCÈNE XII.

LA FEMME DE TRENTE ANS.

LA FEMME DE TRENTE ANS.

Un jeune homme de haute espérance, et appartenant à l'une de ces maisons historiques dont les noms seront toujours, en dépit même des lois, intimement liés à la gloire de la France, se trouvait au milieu d'un bal donné par la marquise Vitagliano. Cette dame était une riche Italienne qui lui avait donné quelques lettres de recommandation pour deux ou trois des plus aimables femmes de Naples.

M. de Vandenesse, tel était le nom du jeune homme, venait, après avoir accompli plusieurs missions avec talent, d'être attaché à l'un de nos ministres plénipotentiaires envoyés au congrès de Laybach, et il comptait mettre à profit ce voyage pour étudier l'Italie.

Cette fête était donc, pour lui, comme une espèce d'adieu fait à toutes les jouissances de Paris, à ce merveilleux entraînement, à cette vie rapide, à ce tourbillon de pensées et de plaisirs dont il est de mode peut-être de médire, mais auxquels il est si doux de s'abandonner.

Habitué depuis trois ans à saluer les capitales européennes, et à les quitter au gré des caprices de sa destinée diplomatique, Charles de Vandenesse avait cependant peu de chose à regretter en laissant Paris. Les femmes ne produisaient plus aucune impression sur lui : soit qu'il regardât une passion vraie comme tenant trop de place dans la vie d'un homme politique; soit que les mesquines occupations d'une galanterie superficielle lui parussent trop vides pour une âme forte; car nous avons tous de grandes prétentions à la force d'âme; et nul homme même médiocre ne consent à passer pour simplement spirituel.

Ainsi, Charles, quoique jeune (à peine avait-il vingt-six ans), s'était déjà philosophiquement accoutumé à voir des idées, des résultats, des moyens, là où les hommes de son âge aperçoivent des sentimens, des plaisirs et des illusions. Il avait refoulé toute la chaleur, et l'exaltation naturelle aux jeunes gens dans les profondeurs de son âme, nativement noble et grande. Il travaillait à se faire froid, calculateur; et à mettre en manières, en formes aimables, en artifices de séduction toutes les richesses morales dont la nature l'avait doué; véritable tâche d'ambitieux; rôle triste, entrepris dans le but d'atteindre à ce que nous nommons aujourd'hui une *belle position*.

En ce moment, il jetait un dernier coup-d'œil sur les salons où l'on dansait. Avant de quitter le bal, il voulait sans doute en emporter l'image, comme un spectateur qui ne sort pas de sa loge à l'Opéra sans regarder le tableau final. Mais aussi, par une fantaisie facile à comprendre, M. de Vandenesse comparait l'action toute française, toute changeante, l'éclat et les riantes figures de cette fête parisienne, aux physionomies nouvelles, aux scènes pittoresques qui l'attendaient à Naples, où il se proposait de passer quelques jours avant de se rendre à son poste.

Il semblait comparer la France, qui lui était si familière, à un pays dont il ne connaissait les mœurs et les sites que par des ouï-dires contradictoires, ou par des livres, mal faits pour la plupart. Alors, quelques réflexions assez poétiques, mais devenues aujourd'hui très vulgaires, lui passèrent par la tête, et répondirent, à son insu peut-être, aux vœux secrets de son cœur, plus exigeant que blasé, plus inoccupé que flétri.

— Voici, se disait-il, les femmes les plus élégantes, les plus riches, les plus titrées de Paris; ici, sont les célébrités du jour, renommées de tribune, renommées aristocratiques et littéraires ; là, des artistes et des hommes de pouvoir... Et cependant, je ne vois que de petites intrigues, des amours mort-nés, des sourires qui ne disent rien, des dédains sans cause, des regards sans flamme; beaucoup d'esprit, mais prodigué sans but. Tous ces visages blancs et rosés cherchent moins le plaisir que des distractions ; point d'émotions vraies. Si vous voulez seulement des plumes bien posées, des gazes fraîches, de jolies toilettes, des femmes frêles ; si pour vous la vie n'est qu'une surface à effleurer, voici votre monde !.. Contentez-vous de ces phrases insignifiantes, de ces ravissantes grimaces, et ne demandez pas un sentiment dans les cœurs !.. Pour moi, j'ai horreur de ces intrigues bien plates, qui finiront par des mariages, des sous-préfectures, des recettes générales ; ou, s'il s'agit d'amour, par des arrangemens secrets, tant l'on a honte même d'un semblant de passion. — Je ne vois pas un seul de ces visages éloquens qui vous annoncent une âme abandonnée à une idée comme à un remords ! Ici, le regret ou le malheur se cachent sous des plaisanteries. — Je ne vois aucune de ces femmes avec lesquelles j'aimerais à lutter, qui vous entraînent dans un abîme. — Il n'y a plus d'énergie à Paris. — Un poignard est une curiosité que l'on y suspend à un clou doré, et que l'on pare d'une jolie gaîne. — Femmes, idées, sentimens, tout se ressemble, et il n'y a plus de passions, parce qu'il n'y a plus d'individualités. — Les rangs, les esprits, les fortunes ont été nivelés, et nous avons tous pris l'habit noir comme pour nous mettre en deuil de la France morte. — Nous n'aimons pas nos égaux... — Entre deux amans, il faut des différences à effacer, des distances à combler. — Ce charme de l'amour s'est évanoui en 1789! — Notre ennui, nos mœurs fades sont le résultat d'un système politique... Au moins, en Italie, tout est tranché, les femmes y sont encore des animaux malfaisans.... des syrènes dangereuses.... sans raison, sans logique autre que celle de leurs goûts, de leurs appétits, et dont il faut se défier comme des tigres....

Madame de Vitagliano vint interrompre ce capricieux monologue, dont les mille pensées, confuses, contradictoires, inachevées, vagues, sont intraduisibles : le mérite d'une rêverie est d'être sans substance.

— Je veux, lui dit-elle en le prenant par le bras, vous présenter à une femme qui a le plus grand désir de vous connaître sur ce qu'elle entend dire de vous...

Puis, elle le conduisit dans un salon voisin, où elle lui montra, par un geste, un sourire et un regard véritablement italiens, une femme assise au coin de la cheminée.

— Qui est-ce ?... demanda vivement M. de Vandenesse.

— Une femme dont vous vous êtes, certes, entretenu plus d'une fois pour la louer ou pour en médire; une femme qui vit dans la solitude; un vrai mystère...

— Si vous avez jamais été clémente dans votre vie, de grâce, apprenez-moi qui elle est.

— La marquise de Vieumesnil !...

— Je vais aller prendre des leçons auprès d'elle ; car elle a su faire d'un mari bien médiocre, un pair de France; d'un homme nul, une capacité politique... Mais, dites-moi, croyez-vous que lord Melville soit mort pour elle, comme quelques femmes l'ont prétendu?

— Peut-être !.. Depuis cette aventure, fausse

ou vraie, la pauvre femme est bien changée. Elle pas encore été dans le monde. C'est quelque chose à Paris qu'une constance de trois ans... Si vous la voyez ici....

Madame Vitagliano s'arrêta ; mais elle ajouta d'un air fin :

— J'oublie que je dois me taire. Allez causer avec elle.

Charles resta pendant un moment immobile, le dos légèrement appuyé sur le chambranle de la porte, et tout occupé à examiner une femme devenue célèbre sans que personne pût rendre compte des motifs sur lesquels s'appuyait sa renommée.

Il y a dans le monde beaucoup de ces anomalies curieuses. La réputation de madame de Vieumesnil n'était pas, certes, plus extraordinaire que celle de certains hommes toujours en travail d'une œuvre inconnue : statisticiens tenus pour profonds sur la foi de calculs qu'ils se gardent bien de publier ; politiques qui vivent sur un article de journal ; auteurs ou artistes dont l'œuvre reste toujours en portefeuille; gens savans comme Sganarelle est latiniste, avec ceux qui ne comprennent pas la science, hommes auxquels on accorde une capacité convenue sur un point, soit la direction des arts, soit une mission importante. Cet admirable mot: *c'est une spécialité!*.... semble avoir été créé pour ces espèces d'acéphales politiques ou littéraires.

Charles fut en contemplation plus longtemps qu'il ne voulait y rester, et mécontent de lui-même d'être si fortement préoccupé par une femme; mais aussi, cette femme réfutait par sa présence toutes les pensées qu'un instant auparavant le jeune diplomate avait conçues à l'aspect du bal.

Madame de Vieumesnil paraissait avoir trente ans. Elle était belle, quoique frêle de formes, et en apparence d'une excessive délicatesse; mais son plus grand charme venait d'une physionomie dont le calme accusait une étonnante profondeur dans l'âme. Son regard plein d'éclat restait comme voilé par une pensée constante; il accusait une vie fiévreuse et la résignation la plus étendue. Ses yeux, presque toujours chastement baissés vers la terre, se relevaient rarement ; mais chaque fois qu'elle jetait des regards autour d'elle, c'était par un mouvement triste, lent ; et le feu de ses yeux était en quelque sorte intérieur et réservé pour une contemplation occulte. Aussi, quand un homme supérieur l'examinait, il se sentait attiré par la curiosité vers cette femme douce et silencieuse ; car l'esprit cherchait à deviner les mystères de cette perpétuelle réaction qui se faisait en elle du présent vers le passé, du monde à sa solitude ; l'âme n'était pas moins intéressée à s'initier aux secrets de son cœur, qui semblait orgueilleux de ses souffrances.

La pose et la mise de madame de Vieumesnil s'accordaient avec le caractère de sa figure. Il n'y a qu'à un certain âge, et il n'y a que certaines femmes dont l'attitude ait un langage. Est-ce le chagrin, est-ce le bonheur qui donne à la femme de trente ans, à la femme heureuse ou malheureuse, le secret de cette contenance éloquente ? ce sera toujours un problème insoluble. Ces symptômes, chacun les interprète au gré de ses désirs, de ses espérances, ou de son système. Ici, la description est tout à la fois intéressante et critique.

La manière dont madame de Vieumesnil tenait ses deux coudes appuyés sur les bras de son fauteuil, et joignait les extrémités des doigts de chaque main en ayant l'air de jouer; la courbure de son cou; le laisser-aller de son corps fatigué mais souple, qui semblait élégamment brisé dans le fauteuil; l'abandon de ses jambes, l'insouciance de son attitude, ses mouvemens fluides; tout révélait une femme qui ne met aucun intérêt à la vie, n'a point connu les plaisirs de l'amour, mais qui les a rêvés, et se courbe sous les fardeaux accablans de sa mémoire; une femme qui, depuis long-temps, a désespéré de l'avenir et d'elle-même; une femme inoccupée, et qui prend le vide pour le néant.

Charles de Vandenesse admira ce magnifique tableau, mais comme le produit d'une coquetterie plus habile que celle des femmes ordinaires. Il connaissait le marquis de Vieumesnil; et, alors, du premier regard jeté sur sa femme, qu'il n'avait pas encore vue, le jeune diplomate reconnut des disproportions, des incompatibilités, pour employer le mot légal, trop fortes entre ces deux personnes, pour qu'il fût possible à la marquise d'aimer son mari.

Cependant madame de Vieumesnil tenait une conduite irréprochable, et sa vertu donnait encore un plus haut prix à tous les mystères qu'un observateur pouvait pressentir en elle.

Les nattes longues et largement tressées de sa chevelure abondante formaient une haute couronne au-dessus de sa tête ; elle n'y mêlait point de fleurs, et semblait avoir dit adieu pour toujours aux spendeurs de la toilette. Les plis nombreux d'un corsage modeste ne cachaient pas entièrement l'élégance de sa taille ; sa robe, dont le seul luxe consistait dans une coupe extrêmement distinguée, était très longue. Il n'y avait en elle aucun de ces petits calculs de coquetterie qui gâtent beaucoup de femmes. S'il est permis d'allier des idées à la disposition d'une étoffe, on pourrait dire qu'il y avait une grande no-

blesse dans les plis nombreux et simples de
sa robe. Elle avait de trop belles mains pour
garder ses gants : peut-être trahissait-elle le
caractère indélébile et la faiblesse de la femme
dans les soins minutieux qu'elle paraissait prendre de sa main et de son pied ; car elle les montrait peut-être un peu trop, sans cependant que
la plus malicieuse rivale eût pu trouver de l'affectation dans ses gestes, tant ils paraissaient
involontaires, ou dus à des habitudes enfantines. Il y avait même de la grâce et de la nonchalance dans ce peu de coquetterie.

Comme toutes les femmes qui ont de très
longs cheveux, elle était pâle, mais parfaitement blanche. Sa peau, d'une finesse prodigieuse, symptôme rarement trompeur, annonçait une grande, une vraie sensibilité, justifiée
encore par le caractère dominant de ses traits
qui avaient une exquise délicatesse ; cette
délicatesse que semblent chercher tous les
peintres chinois dans leurs figures fantastiques.
Son col était un peu long peut-être, mais ces
sortes de cous sont les plus gracieux ; ils donnent aux têtes de femme de vagues affinités
avec les mouvemens onduleux et magnétiques

du serpent. S'il n'existait pas un seul des mille indices par lesquels les caractères les plus dissimulés se révèlent à l'observateur, il lui suffirait d'examiner attentivement les gestes de la tête et les torsions du cou, si variées, si expressives, pour juger d'une femme.

Cette masse de traits, cet ensemble de petites choses qui font une femme laide ou jolie, attrayante ou désagréable, ne peuvent être qu'indiqués. Les souvenirs personnels de chacun achèveront de donner la vie à ce portrait qu'il est impossible de peindre en entier.

Charles de Vandenesse analysa rapidement cette tête imposante, dont il est si difficile de rendre même les détails les plus frappans; et lorsque son premier mouvement de surprise fut passé, il chercha la meilleure manière d'aborder madame de Vieumesnil. Par une ruse toute diplomatique, il se proposa de l'embarrasser pour savoir comment elle répondrait à une sottise.

— Madame, dit-il en s'asseyant près d'elle,

une heureuse indiscrétion m'a fait savoir que j'ai eu, je ne sais à quel titre, le bonheur d'avoir été distingué par vous. Je vous dois d'autant plus de remerciemens que je n'ai jamais été l'objet d'une semblable faveur ; aussi, vous serez comptable d'un de mes défauts ; désormais, je ne veux plus être modeste...

— Vous aurez tort, monsieur, dit-elle en riant ; il faut laisser la vanité à ceux qui n'ont pas autre chose...

Là-dessus, une conversation s'ensuivit entre la marquise et le jeune homme, pendant laquelle ils abordèrent une multitude de sujets : la peinture, la musique, la littérature, la politique, les hommes, les évènemens et les choses. Mais ils arrivèrent par une pente insensible au sujet éternel des causeries françaises et étrangères, à l'amour, aux sentimens et aux femmes.

— Nous sommes esclaves !...

— Vous êtes reines !...

Les phrases plus ou moins spirituelles dites

par Charles et la marquise pouvaient se réduire à cette simple expression de tous les discours présens et à venir tenus sur cette matière ; et ces deux phrases, voudront toujours dire, dans un certain temps donné : — « Aimez-moi !... — « Je vous aimerai ! »

— Madame, s'écria doucement Charles de Vandenesse, vous me faites bien vivement regretter de quitter Paris ; je ne retrouverai certes pas en Italie des heures aussi spirituelles que l'a été celle-ci.

— Vous rencontrerez peut-être le bonheur, monsieur... Il vaut mieux que toutes les pensées brillantes, vraies ou fausses, qui se disent tous les soirs à Paris...

En quittant madame de Vieumesnil, Charles obtint la permission d'aller lui faire ses adieux. Il se trouva très heureux de ne pas avoir oublié de donner, à ce désir poli, les formes de la sincérité, lorsque le soir, en se couchant, et le lendemain, pendant toute la journée, il ne put chasser le souvenir de l'heure qu'il avait passée près de cette femme.

Tantôt il se demandait pourquoi la marquise l'avait distingué; quelles pouvaient être ses intentions en demandant à le voir. C'étaient des commentaires intarissables... Tantôt il croyait trouver les motifs de cette curiosité; alors, il s'enivrait d'espérance, ou se refroidissait, selon les interprétations qu'il donnait à ce désir poli si vulgaire; tantôt c'était tout, tantôt ce n'était rien. Enfin, il voulut résister au penchant qui l'entraînait vers madame de Vieumesnil; mais il alla chez elle.

Il y a certes des pensées auxquelles nous obéissons sans les connaître. Elles sont en nous à notre insu. Quoique cette réflexion puisse paraître plus paradoxale que vraie, chaque personne de bonne foi en trouvera chez soi mille preuves.

En se rendant chez la marquise, Charles obéissait à ces textes préexistans dont notre expérience et les conquêtes de notre esprit ne sont, plus tard, que les développemens sensibles.

Une femme de trente ans a d'irrésistibles

attraits pour un jeune homme ; et rien de plus naturel, de plus fortement tissu, de mieux préétablis que les sentimens profonds dont le monde offre tant d'exemples entre une femme comme la marquise et un jeune homme tel que Vandenesse.

En effet, il y a trop d'illusions, trop d'inexpérience chez une jeune fille, et le sexe est trop complice de son amour pour qu'un jeune homme puisse en être flatté ; tandis qu'une femme connaît toute l'étendue des sacrifices à faire : là où l'une est entraînée par la curiosité, par des séductions étrangères à celles de l'amour, l'autre obéit à un sentiment consciencieux ; l'une cède, et l'autre choisit ; or, ce choix est déjà une immense flatterie : armée d'un savoir presque toujours chèrement payé par des malheurs, en se donnant, elle semble donner plus qu'elle-même, et possède tous les avantages de l'expérience ; tandis que la jeune fille, ignorante et crédule, ne sait rien, ne peut rien comparer. L'une nous instruit, nous conseille à un âge où l'on aime à se laisser guider, où l'obéissance est un plaisir ; l'autre veut tout apprendre ; elle est naïve là où l'autre est tendre. Celle-ci ne vous présente qu'un triomphe après lequel il n'y a plus rien ; celle-là vous oblige à des combats perpétuels. La première n'a que des larmes, l'autre a des larmes et des remords. Pour qu'une jeune fille soit la maîtresse, elle doit être trop corrompue ; alors, elle est abandonnée avec horreur ; une femme a mille moyens de conserver sa dignité. L'une, trop soumise, vous offre les tristes sécurités du repos; l'autre perd trop pour ne pas demander à l'amour mille formes toujours nouvelles. La première se déshonore toute seule, la seconde est une famille entière ; la jeune fille n'a qu'une seule coquetterie, la femme en a d'innombrables... elle caresse toutes les vanités, quand la novice n'en flatte qu'une.

Enfin, il y a des indécisions, des terreurs, des craintes, des troubles et des orages, chez la femme de trente ans, qui ne se rencontrent jamais dans l'amour d'une jeune fille. Arrivée à cet âge, la femme demande à un jeune homme de lui restituer l'estime qu'elle lui a sacrifiée ; elle ne vit que pour lui, s'occupe de son avenir, lui veut une belle vie, la lui ordonne glorieuse ; elle obéit, elle prie et commande, s'abaisse et s'élève; puis elle sait consoler en mille occasions, où la jeune fille ne sait que gémir. Enfin, outre tous les avantages de sa position, la femme de trente ans peut se faire jeune fille, jouer tous les rôles, être pudique, et s'embellir même d'un malheur. Entre elles deux, il y a toute la différence du prévu à l'imprévu, de la force à la faiblesse.

Toutes ces idées se développent au cœur d'un jeune homme, et composent chez lui la plus forte des passions, car elle réunit tous les sentimens factices créés par la société, par les mœurs, aux sentimens réels de la nature. La femme de trente ans satisfait tout, et la jeune fille, sous peine de ne pas être, doit ne rien satisfaire.

Aussi, la démarche la plus capitale et la plus décisive dans la vie d'une femme, est précisément celle qu'elle regarde toujours comme la plus insignifiante. Une femme mariée ne s'appartient plus; elle est la reine et l'esclave du foyer domestique. La sainteté des femmes est inconciliable avec les devoirs et les libertés du monde: émanciper les femmes, c'est les corrompre,

En accordant à un étranger le droit d'entrer dans le sanctuaire du ménage, c'est se mettre à sa merci : qu'une femme l'y attire, c'est une faute. Il faut accepter cette théorie dans toute sa rigueur, ou absoudre les passions. Jusqu'à présent, en France, la société a su prendre un *mezzo termine*, elle se moque des malheurs ; et, comme les Spartiates qui ne punissaient que la maladresse, elle semble admettre le vol.

Mais, peut-être, cela est-il très sage ; car le mépris du monde est peut-être aussi le plus affreux de tous les châtimens, en ce qu'il atteint la femme au cœur. Elles tiennent, et doivent toutes tenir à être honorées : sans l'estime elles n'existent plus. Aussi est-ce le premier sentiment qu'elles demandent à l'amour ; et la plus corrompue d'entre elles exige, même avant tout, une absolution pour le passé, en vendant son avenir.

Il n'est pas de femme qui, en recevant chez elle, pour la première fois, un jeune homme, en se trouvant seule avec lui, ne fasse intérieurement quelques unes de ces réflexions; surtout, si, comme Charles de Vandenesse, il est bien fait ou spirituel; et peu de jeunes gens se sont rencontrés, qui, pareillement, n'aient jeté au hasard quelques vœux secrets, fondés sur une des mille idées qui justifient leur amour inné pour les femmes âgées de trente ans, malheureuses en apparence, belles, pleines d'esprit, et dans une position plus ou moins semblable à celle de madame de Vieumesnil.

Aussi, la marquise, en entendant annoncer M. de Vandenesse, fut-elle troublée, et lui presque honteux, malgré l'assurance qui, chez les diplomates, est en quelque sorte de costume. Mais madame de Vieumesnil prit bientôt un air affectueux, dont les femmes savent se faire un rempart contre les interprétations de la vanité; parce qu'il exclut toute arrière-pensée, en faisant pour ainsi dire la part au sentiment et en y mêlant les formes de la politesse. C'est une espèce de position équivoque, de carrefour, qui mène également au respect, à l'indifférence, à l'étonnement ou à la passion.

Une femme de trente ans connaît seule toutes les ressources de cette situation; aussi, elle y sait rire, plaisanter, s'attendrir, sans se compromettre. Alors, elle possède le tact nécessaire pour faire vibrer toutes les cordes sensibles, pour étudier les sons qu'elle en tire. Son silence est aussi dangereux que sa parole. Vous ne savez jamais si, à cet âge, elle est franche ou fausse, si elle se moque ou si elle est de bonne foi dans ses aveux. Après vous avoir donné le droit de lutter avec elle, tout-à-coup, par un mot, par un regard, par un de ces gestes dont elles ont éprouvé la puissance, elles ferment le combat et vous abandonnent; restant, maîtresses de votre secret, libres de vous immoler par une plaisanterie, à l'abri de leur faiblesse, et protégées par votre force.

Mais, pendant cette première visite, quoique madame de Vieumesnil se plaçât sur ce terrain neutre, elle sut conserver une haute dignité de femme. Ses douleurs secrètes planèrent toujours sur sa gaieté factice comme un léger nuage qui ne dérobe qu'imparfaitement le soleil. Vandenesse sortit, après avoir éprouvé des délices inconnues dans cette conversation; mais il demeura convaincu que la marquise était de ces femmes dont la conquête coûte trop cher pour qu'on puisse entreprendre de les aimer.

— Ce serait, dit-il en s'en allant, du sentiment à perte de vue... une correspondance à fatiguer même un sous-chef ambitieux... Cependant, si je voulais bien...

Ce fatal : — *si je voulais !*... a constamment perdu les entêtés. L'amour-propre mène à la passion. Charles revint chez madame de Vieumesnil, et crut s'apercevoir qu'elle prenait plaisir à sa conversation ; alors, au lieu de se livrer avec naïveté au bonheur d'aimer, il voulut jouer un double rôle : paraître passionné, puis analyser froidement la marche de cette intrigue ; être amant et diplomate ; mais il était généreux et jeune ; et cet examen devait le conduire à un amour sans bornes ; car, artificieuse ou naturelle, la marquise était toujours plus forte que lui.

Chaque fois qu'il sortait de chez madame de Vieumesnil, persistant dans ses interprétations et dans sa méfiance, Charles soumettait les situations progressives par lesquelles passait son âme à une analyse très sévère, qui tuait ses propres émotions.

—Aujourd'hui, disait-il à la troisième visite, elle m'a fait comprendre qu'elle était très malheureuse ; qu'elle était seule dans la vie ; que, sans sa fille, elle désirerait ardemment la mort; elle a été d'une résignation parfaite. Or, je ne suis ni son frère, ni son confesseur... pourquoi m'a-t-elle confié ses chagrins?... Elle m'aime...

Deux jours après, en s'en allant, il apostrophait ainsi les mœurs modernes:

— L'amour prend la couleur de chaque siècle; et, en 1822, il est doctrinaire. Au lieu de se prouver, comme jadis, par des faits; on le discute, on le disserte, on le met en discours de tribune... Les femmes en sont réduites à trois moyens : d'abord, elles mettent en question notre passion, nous refusent le pouvoir d'aimer autant qu'elles aiment. — Coquetterie ! véritable défi que madame de Vieumesnil m'a porté ce soir... Puis, elles se font très malheureuses pour exciter notre générosité, notre amour-propre : il y a de la gloire à consoler de grandes infortunes... Enfin, elles ont la manie de la virginité... Madame de Vieumesnil a dû penser que je la croyais... Ma bonne foi peut devenir une excellente spéculation.

Mais un jour, après avoir épuisé ses pensées de défiance, il se demanda si la marquise était sincère; si tant de souffrances pouvaient être jouées, et pourquoi elle feindrait de la résignation. Elle vivait dans une solitude profonde, elle dévorait en silence des chagrins qu'elle laissait à peine deviner par l'accent plus ou moins contraint d'une interjection. Dès ce moment, Charles prit un vif intérêt à madame de Vieumesnil.

Cependant, en venant à un rendez-vous habituel qui leur était devenu nécessaire l'un à l'autre, heure réservée par un mutuel instinct, M. Vandenesse trouvait encore la marquise plus habile que vraie, et son mot était:

— Décidément, cette femme est très adroite.

Il entra, trouva la marquise dans son attitude favorite, attitude pleine de mélancolie. Elle leva les yeux sur lui, sans faire un mouvement; et lui jeta un de ces regards pleins qui ressemblent à un sourire. Il y avait de la confiance et de l'amitié vraies, mais point d'amour. Charles s'assit, et ne put rien dire; il était ému par une de ces sensations auxquelles il manque un langage.

— Qu'avez-vous?... lui dit-elle d'un son de voix attendrie.

— Rien... reprit-il, je songe à une chose qui ne vous a point encore occupée...

— Qu'est-ce?...

— Mais... le congrès est fini...

— Eh bien, dit-elle, est-ce que vous deviez aller au congrès?...

La réponse directe était la plus éloquente et la plus délicate des déclarations, mais Charles ne la fit pas.

Il y avait dans la physionomie de madame de Vieumesnil une candeur d'amitié qui détruisait tous les calculs de la vanité, toutes les espérances de l'amour, toutes les défiances du diplomate. Elle ignorait, ou paraissait ignorer complètement qu'elle pût être aimée; et, lorsque Charles, tout confus, se replia sur lui-même, il fut forcé de s'avouer qu'il n'avait rien fait ni rien dit qui autorisât cette femme à le penser.

Il la trouva, pendant cette soirée, ce qu'elle était toujours : simple et affectueuse, vraie dans sa douleur, heureuse d'avoir un ami, fière de rencontrer une âme qui pouvait comprendre la sienne. Elle n'allait pas au-delà. Elle ne supposait pas qu'une femme pût se laisser deux fois séduire ; mais elle avait connu l'amour, il était encore saignant, au fond de son chagrin. Elle ne comprenait pas que le bonheur pût apporter deux fois à une femme ses enivremens ; elle ne croyait pas seulement à l'esprit, mais au cœur, mais à l'âme ; car l'amour n'est pas une séduction, il comporte ensemble toutes les séductions imaginables.

En ce moment, Charles redevint jeune homme, et fut subjugué par l'éclat d'un si grand caractère ; il voulut être initié dans tous les secrets de cette existence flétrie par le hasard plus que par une faute.

Madame de Vieumesnil ne lui jeta qu'un regard en l'entendant demander compte du surcroît de chagrin qui communiquait à sa beauté toutes les harmonies de la tristesse; mais ce regard profond était comme le sceau d'un contrat solennel.

— Ne me faites plus de questions semblables... dit-elle. Il y a trois ans, à pareil jour, celui que j'ai aimé, celui pour qui j'eusse perdu ma propre estime, peut-être, est mort, mort pour moi; et cet amour a cessé jeune, pur, plein d'illusions... Avant de parcourir cette carrière dans laquelle j'ai été poussée par une fatalité sans exemple, j'avais été séduite par ce qui perd tant de jeunes filles; par un homme nul, mais de formes agréables : le mariage a effeuillé mes espérances, une à une. Aujourd'hui, j'ai perdu le bonheur légitime et ce bonheur que l'on nomme criminel, sans avoir connu le bonheur. Je n'ai plus rien, car je dois être au moins fidèle à mes souvenirs; puisque je n'ai pas su mourir !...

A ces mots, elle ne pleura pas; elle baissa les yeux et tordit légèrement les doigts de ses deux mains qu'elle avait croisés par son geste habituel. Cela fut dit simplement, mais l'accent de sa voix était l'accent d'un désespoir aussi profond que paraissait l'être son amour, et ne laissait aucune espérance à Charles.

Cette affreuse existence traduite en trois phrases, cette forte douleur dans une femme frêle, cet abîme dans une jolie tête gracieuse, toutes les mélancolies, toutes les larmes d'un deuil de trois ans, fascinèrent Vandenesse. Il resta humble, silencieux et petit devant cette grande et noble femme. Il n'en voyait plus les beautés matérielles si exquises, si achevées; mais l'âme si éminemment sensible; il rencontrait cet être idéal si fantastiquement rêvé, si vigoureusement appelé par tous ceux qui mettent la vie dans une passion, la cherchent avec tant d'ardeur, et souvent meurent sans avoir pu jouir de tous ses trésors rêvés.

Devant ce langage, devant cette beauté sublime, il trouva toutes ses idées mesquines; et, dans l'impuissance où il était de mesurer ses paroles à la hauteur de cette scène si simple, mais si élevée, il répondit par des lieux communs sur la douleur qui ne devait pas être éternelle et sur la destinée des femmes.

— Madame, il faut oublier ou se creuser une tombe, dit-il.

Mais la raison est toujours mesquine auprès des sentimens : l'une est naturellement bornée comme tout ce qui est positif, et l'autre est l'infini. Raisonner, là où il faut sentir, est le propre des âmes sans portée.

Aussi, Vandenesse garda le silence, et contempla long-temps madame de Vieumesnil ; puis il sortit ; mais en proie à des idées nouvelles qui lui grandissaient la femme. Il ressemblait à un peintre qui n'aurait encore vu pour types que les modèles de l'atelier ; et, qui, tout-à-coup, se trouverait en face de la Mnémosyne du Musée, la plus belle des statues antiques et la moins appréciée.

Charles fut profondément épris. Il aima madame de Vieumesnil avec cette bonne foi de la jeunesse, avec cette ferveur qui communique aux premières passions une grâce ineffable, une candeur dont l'homme ne retrouve plus que des vestiges, quand, plus tard, il aime encore: délicieuses passions, presque toujours délicieusement savourées par les femmes qui les font naître, parce qu'à ce bel âge de trente ans, sommité poétique de la vie des femmes, elles peuvent embrasser tout le cours de leur existence, et voir aussi bien dans le passé que dans l'avenir. Alors, elles savent le prix de tous les trésors de l'amour, et en jouissent avec la crainte de les perdre; leur âme est encore belle de toute la jeunesse qui les abandonne, et leur passion est forte de tout l'avenir qui les effraie.

— J'aime, se disait cette fois Vandenesse en quittant madame de Vieumesnil, et, pour mon malheur, je trouve une femme attachée à des souvenirs. La lutte est difficile contre un mort : il n'est plus là; il ne peut pas faire de sottises; il ne déplait jamais; elle n'en verra que les belles qualités. C'est vouloir détrôner la perfection que d'essayer à tuer les charmes de la mémoire et les espérances qui survivent à un amant perdu, précisément parce qu'il n'a réveillé que les désirs, tout ce qu'il y a, dans l'amour, de plus beau, de plus séduisant.

Mais cette triste réflexion, due au découragement et à la crainte de ne pas réussir par lesquels commencent toutes les passions vraies, fut le dernier calcul de sa diplomatie expirante. Dès lors, il n'eut plus d'arrière-pensées, devint le jouet de son amour, et se perdit dans les riens de ce bonheur inexplicable qui se repaît d'un mot, d'un silence, d'un vague espoir. Il voulut aimer platoniquement : il vint tous les jours respirer l'air que respirait madame de Vieumesnil; il s'incrusta presque dans sa maison, et accompagna sa maîtresse partout avec la tyrannie d'une passion qui mêle son égoïsme au dévouement le plus absolu.

L'amour a son instinct ; il sait trouver le chemin du cœur comme le plus faible insecte marche à sa fleur avec une irrésistible volonté qui ne s'épouvante de rien. Aussi, quand un sentiment est vrai, sa destinée n'est pas douteuse.

N'y a-t-il pas de quoi jeter une femme dans toutes les angoisses de la terreur, si elle vient à penser que sa vie dépend du plus ou du moins de vérité, de force, de persistance que l'homme par qui elle est aimée mettra dans ses désirs.

Or, il est impossible à une femme, à une épouse, à une mère de se préserver contre l'amour d'un jeune homme. La seule chose qui soit en sa puissance, est de ne pas continuer à le voir, au moment où elle devine ce secret, qu'une femme devine toujours. Mais ce parti lui semble trop décisif, pour qu'elle puisse le prendre à un âge où le mariage pèse, ennuie et lasse, où l'amour du mari n'existe pas, où son affection est plus que tiède, où même elle en est souvent abandonnée. Laides, les femmes sont si flattées par un amour qui les fait belles; jeunes et charmantes, la séduction doit être à la hauteur de leurs séductions, elle est immense; vertueuses, il y a en elles un sentiment qui les porte à trouver je ne sais quelle absolution dans la grandeur même des sacrifices qu'elles font à leur amant, et de la gloire dans cette lutte difficile. Tout est piége, et nulle leçon n'est trop forte pour de si fortes tentations.

La réclusion ordonnée autrefois à la femme en Grèce, en Orient, et qui devient de mode en Angleterre, est la seule sauvegarde de la morale domestique ; mais, sous l'empire de cette haute maxime, les agrémens du monde périssent; et il n'y a plus ni société, ni politesse, ni élégance. Une nation doit choisir.

Ainsi, madame de Vieumesnil trouva, quelques mois après sa première rencontre avec M. de Vandenesse, sa vie étroitement liée à la sienne. Elle s'étonna sans trop de confusion, et presque avec un certain plaisir d'avoir les mêmes pensées, les mêmes goûts. Avait-elle pris ceux de Vandenesse, ou était-ce lui qui avait épousé les moindres caprices de la marquise? Elle n'examina rien. Elle était déjà saisie par le courant de la passion. Et cette adorable femme se dit avec la fausse bonne foi de la peur :

— Oh! non! je serai fidèle à celui qui mourut pour moi!...

Pascal a dit : Douter de Dieu, c'est y croire. De même, une femme ne se débat que quand elle est prise...

Le jour où madame de Vieumesnil reconnut qu'elle était aimée, il lui arriva de flotter entre mille sentimens contraires. Les superstitions de l'expérience parlèrent leur langage. Serait-elle heureuse?... Pourrait-elle trouver le bonheur en dehors des lois, dont la société fait, à tort ou à raison, la morale? Jusqu'alors la vie ne lui avait versé que de l'amertume? Y avait-il un heureux dénouement possible aux liens qui unissent deux êtres séparés par les convenances sociales? Mais aussi le bonheur ne pouvait se payer trop cher. Et ce bonheur si ardemment voulu, si naturel, peut-être le trouverait-elle!...

La curiosité plaide toujours la cause des amans.

Au milieu de cette discussion secrète, Vandenesse arriva. Sa présence fit évanouir le fantôme métaphysique de la raison; car, si telles sont les transformations successives par lesquelles passe un sentiment même rapide chez un jeune homme et chez une femme de trente ans, il est un moment où toutes les nuances se fondent, où tous les raisonnemens s'abolissent en un seul; et plus la résistance a été longue, plus puissante est la voix de l'amour.

Ici donc s'arrête cette leçon ou plutôt cette

étude faite sur l'*écorché*, s'il est permis d'emprunter à la peinture une de ses expressions les plus pittoresques; car cette histoire explique les dangers et le mécanisme de l'amour plus qu'elle ne le peint. Mais, dès ce moment, chaque jour ajouta des couleurs à ce squelette, le revêtit des grâces de la jeunesse, en raviva les chairs, en vivifia les mouvemens, lui rendit l'éclat, la beauté, les séductions du sentiment et les attraits de la vie.

Lorsque Charles trouva madame de Vieumesnil pensive, et qu'il lui eut dit d'un ton pénétrant, d'un accent que les douces magies du cœur rendaient persuasif :

— Qu'avez-vous ?...

Elle se garda bien de répondre, car cette délicieuse demande accusait une parfaite entente d'âme; et, avec l'instinct merveilleux de la femme, la marquise comprit que des plaintes, ou l'expression de son malheur intime, seraient en quelque sorte des avances.

— Or, si déjà chacune de ses paroles avait une signification entendue par tous deux, dans quel abîme n'allait-elle pas mettre les pieds?... Elle lut en elle-même par un regard lucide et clair, se tut, et son silence fut imité par Vandenesse.

— Je suis souffrante!... dit-elle enfin effrayée de la haute portée d'un moment où le langage des yeux suppléait si complètement à l'impuissance du discours.

— Madame, dit Charles d'une voix affectueuse, mais violemment émue, âme et corps, tout se tient; si vous étiez heureuse, vous seriez jeune et fraîche; pourquoi refusez-vous de demander à l'amour tout ce dont l'amour vous a privée?... Vous croyez la vie terminée au moment où pour vous... elle commence. Confiez-vous aux soins d'un ami. Cela est si doux d'être aimé!

— Je suis déjà vieille, dit-elle, et rien ne m'excuserait de ne pas continuer à souffrir comme par le passé. D'ailleurs, il faut aimer, dites-vous?... Hé bien! je ne le dois ni ne le puis... Hors vous, dont l'amitié jette quelques douceurs sur ma vie, personne ne me plaît, personne ne saurait effacer mes souvenirs ; j'accepte un ami, je fuirais un amant.

Ces paroles, empreintes d'une horrible coquetterie, étaient le dernier effort de la sagesse.

— S'il se décourage, eh bien, je resterai seule et fidèle!...

Cette pensée vint au cœur de madame de Vieumesnil.

En entendant cet arrêt, Vandenesse laissa échapper un tressaillement involontaire qui fut plus puissant sur le cœur de la marquise que toutes ses assiduités passées ; car ce qui touche le plus les femmes, c'est ce qu'elles trouvent en nous de semblable à leurs délicatesses, à leurs sentimens si exquis, à leur grâce. Le geste de Charles révélait un frémissement inouï. Madame de Vieumesnil connut la force de l'affection de Vandenesse, à la force de sa douleur.

Le jeune homme dit froidement :

— Vous avez peut-être raison; aimer, c'est chercher de nouveaux chagrins...

Puis, changeant de conversation, il parla de choses indifférentes; mais il était visiblement ému, regardait madame de Vieumesnil avec une attention concentrée, et comme s'il l'eût vue pour la dernière fois. Enfin il la quitta, en lui disant avec émotion :

— Adieu, madame.

— Au revoir, dit-elle avec cette coquetterie fine dont toutes les femmes gracieuses ont le secret.

Il ne répondit pas.

Quand Vandenesse ne fut plus là, que sa chaise vide parla pour lui, madame de Vieumesnil eut mille regrets; elle se trouva des torts. S'il y a de ces momens où la passion fait un progrès énorme, c'est lorsqu'une femme croit avoir agi peu généreusement, et avoir blessé quelque âme noble. Jamais il ne faut se défier des sentimens mauvais en amour, ils sont très salutaires; les femmes ne succombent que sous le coup d'une vertu; et ce n'est pas un paradoxe de prédicateur que cette maxime: *L'enfer est pavé de bonnes intentions.*

Vandenesse resta pendant quelques jours sans venir; et chaque soirée, à l'heure du rendez-vous habituel, la marquise l'attendit avec une impatience pleine de remords. Écrire, c'était un aveu : son instinct lui disait qu'il reviendrait. Le sixième jour il fut annoncé; jamais elle n'entendit ce nom avec plus de plaisir. Sa joie l'effraya.

— Vous m'avez bien punie!... lui dit-elle.

Vandenesse la regarda d'un air hébété.

— Punie!... répéta-t-il. Et de quoi!...

Il comprenait bien madame de Vieumesnil; mais il voulait se venger des souffrances inconnues auxquelles il avait été en proie.

— Pourquoi n'êtes-vous pas venu me voir?... demanda t-elle en souriant.

— Vous n'avez donc vu personne?... dit-il pour ne pas faire une réponse directe.

— M. de Blamont et M. de Vouglans sont restés ici, l'un hier, l'autre ce matin, près de deux heures...

Autre souffrance!... douleur incompréhensible pour ceux qui n'aiment pas avec ce despotisme envahisseur et féroce dont le moindre effet est une jalousie monstrueuse, un perpétuel désir de dérober l'être aimé à toute influence étrangère à l'amour.

— Quoi! se dit en lui-même Vandenesse, elle a reçu, elle a vu des êtres contens, elle leur a parlé, quand je restais solitaire, malheureux!...

Il ensevelit son chagrin, et jeta son amour au fond de son cœur, comme un cercueil à la mer. Ses pensées étaient de celles que l'on n'exprime pas, elles ont la rapidité d'un fluide qui tue en s'évaporant. Cependant son front se couvrit de nuages, et madame de Vieumesnil partagea cette tristesse sans la concevoir, en obéissant à l'instinct de la femme.

Elle n'était pas complice du mal qu'elle faisait: Vandenesse s'en aperçut. Il parla de sa situation et de sa jalousie, comme si c'eût été l'une de ces hypothèses que les amans se plaisent à discuter. Madame de Vieumesnil comprit tout; et fut alors si vivement touchée qu'elle ne put retenir ses larmes.

Dès ce moment, ils entrèrent dans les cieux de l'amour; car le ciel et l'enfer ne sont que deux grands poèmes qui formulent les deux seuls points sur lesquels tourne notre existence : la joie ou la douleur. Le ciel n'est-il pas, ne sera-t-il pas toujours une image de l'infini de nos sentimens dont l'art ne peint que de faibles détails.

Un soir, ils étaient seuls, assis l'un près de l'autre, en silence, et occupés à contempler une des plus belles phases du firmament, un de ces ciels purs dans lesquels les derniers rayons du soleil jettent de si faibles teintes d'or et de pourpre. Alors les lentes dégradations de la lumière semblent réveiller tous nos sentimens; alors, nos passions vibrent mollement, et nous savourons les troubles de je ne sais quelleviolence, au milieu du calme. Il semble que la nature, en nous montrant le bonheur par de vagues images, nous invite à en jouir quand il est près de nous, ou nous le fasse regretter quand il s'est évanoui. Dans ces momens fertiles en enchantemens, sous le dais de cette lueur, dont toutes les harmonies douces s'unissent à des séductions intimes, il est difficile de résister aux vœux du cœur : ils ont alors tant de magie! Alors, le chagrin s'émousse, la joie enivre, et la douleur accable... Les pompes du soir sont le signal des aveux : elles les encouragent; alors, le silence devient plus dangereux que la parole, en communiquant au regard toute la puissance de l'infini des cieux qu'il reflète... Et, si l'on parle, le moindre mot possède une irrésistible puissance : il y a de la lumière dans la voix, de la pourpre dans le regard, et le ciel est en nous.

Cependant Vandenesse et Juliette, car depuis quelques jours madame de Vieumesnil se laissait appeler ainsi familièrement par celui qu'elle se plaisait à nommer Charles, tous deux parlaient; mais le sujet primitif de leur conversation était bien loin d'eux; et, s'ils ne savaient plus le sens de leurs paroles, ils écoutaient avec délices les pensées secrètes qu'elles couvraient.

La main de la marquise était dans celles de Vandenesse; elle la lui abandonnait sans croire que ce fût une faveur.

Ils se penchèrent ensemble pour voir un de ces paysages si vastes, si majestueux, pleins de neiges, de glaciers, d'ombres grises teignant les flancs de montagnes fantastiques; tableaux remplis de brusques oppositions entre les flammes rouges et les tons noirs qui décorent les cieux avec tant de poésie; magnifiques langes dans lesquels renaît le soleil, beaux linceuls où il expire. En ce moment, les cheveux de Juliette effleurèrent le joues de Vandenesse; elle sentit ce contact léger, elle en frissonna violemment; car il y a des crises inexplicables où les sens arrivent à une perception si fine, si suave, par le calme profond où l'âme les plonge, que le plus faible choc fait verser des larmes et déborder la tristesse, si le cœur est perdu dans ses mélancolies; ou lui donne d'ineffables plaisirs, s'il est perdu dans les vertiges de l'amour.

Alors, Juliette pressa, presque involontairement, la main de son ami; et cette pression persuasive donna du courage à la timidité de l'amant. Le ciel, l'heure, tout se fondit dans une émotion, celle d'une première caresse, du chaste et modeste baiser que madame de Vieumesnil laissa prendre sur sa joue. Plus faible était la faveur, plus puissante, plus dangereuse elle était; et, pour leur malheur à tous deux, il n'y avait ni semblans, ni fausseté. Ce fut l'entente de deux belles âmes, séparées par tout ce qui est loi, réunies par tout ce qui est séductions dans la nature.

En ce moment M. de Vieumesnil entra.

— Le ministère est changé!... dit-il... vous avez de bien belles chances d'être ambassadeur, Vandenesse!...

Charles et madame de Vieumesnil se regardèrent en rougissant; et cette pudeur mutuelle était encore un lien; ils avaient la même pensée, le même remords, lien terrible et tout aussi fort entre deux brigands qui viennent d'assassiner un homme, qu'entre deux amans coupables d'un baiser.

Il fallait une réponse au marquis.

— Je ne veux plus quitter Paris!... dit Charles de Vandenesse.

— Nous savons pourquoi!... dit finement le marquis. — Vous ne voulez pas abandonner votre oncle, pour vous faire déclarer l'héritier de sa pairie...

Madame de Vieumesnil s'enfuit dans sa chambre.

SCENE XIII.

LE DOIGT DE DIEU.

LE DOIGT DE DIEU.

 Entre la barrière d'Italie et celle de la Santé, sur le boulevard intérieur qui mène au Jardin des Plantes, existe une perspective digne de ravir l'artiste ou le voyageur le plus blasé sur les jouissances de la vue.

 Si vous atteignez une légère éminence, à partir de laquelle le boulevard, ombragé par de grands arbres touffus, tourne avec la grâce d'une allée forestière toute verte et silencieuse, vous voyez devant vous, à vos pieds, une vallée profonde, peuplée de fabriques presque villageoises, clairsemée de verdure, arrosée par les eaux brunes de la Bièvre et des Gobelins.

Sur le versant opposé, quelques milliers de toits, pressés comme les têtes d'une foule, recèlent les misères du faubourg Saint-Marceau. La magnifique coupole du Panthéon, le dôme terne et mélancolique du Val-de-Grâce, dominent orgueilleusement toute une ville en amphithéâtre dont les gradins sont bizarrement dessinés par des rues tortueuses. De là, les proportions des deux monumens semblent gigantesques ; elles écrasent et ces demeures frêles et les plus hauts peupliers du vallon.

A gauche, l'Observatoire, à travers les fenêtres et les galeries duquel le jour passe en produisant d'inexplicables fantaisies, apparaît comme un spectre noir et décharné. Puis, dans le lointain, l'élégante lanterne des Invalides flamboie entre les masses bleuâtres du Luxembourg, entre les tours grises de Saint-Sulpice ; et toutes ces lignes architecturales sont mêlées à des feuillages, à des ombres, sont soumises aux caprices d'un ciel qui change incessamment de couleur, de lumière ou d'aspect. Loin de vous, les édifices meublent les airs ; autour de vous, serpentent des arbres ondoyans, des sentiers campagnards.

Sur la droite, par une large découpure de ce singulier paysage, vous apercevez la longue nappe blanche du canal Saint-Martin, encadré de pierres rougeâtres, paré de ses tilleuls, et bordé par les constructions vraiment romaines des greniers d'abondance.

Là, sur le dernier plan, les vaporeuses collines de Belleville, chargées de maisons et de moulins, confondent leurs accidens avec ceux des nuages. Cependant il y a une ville, que vous ne voyez pas, entre la rangée de toits qui borde le vallon et cet horizon aussi vague qu'un souvenir d'enfance; immense cité, perdue, comme dans un précipice, entre les cimes de la Pitié et le faîte du cimetière de l'Est, entre la souffrance et la mort. Elle fait entendre un bruissement sourd, semblable à celui de l'Océan grondant derrière une falaise comme pour dire: — Je suis là!...

Si le soleil jette ses flots de lumière sur cette face de Paris; s'il en épure, s'il en fluidifie les lignes; s'il en allume les vitres; s'il égaie les tuiles, s'il embrase les croix dorées, blanchit les murs et transforme l'atmosphère en un voile de gaze; s'il crée de riches contrastes avec les ombres fantastiques; si le ciel est d'azur, la terre frémissante, et si les cloches parlent... Alors, de là, vous admirerez une de ces féeries éloquentes que l'imagination n'oublie jamais, dont vous serez idolâtre, affolé comme d'un merveilleux aspect de Naples, de Stamboul ou des Florides; car, là, murmurent le bruit du monde et la poétique paix de la solitude, la voix d'un million d'êtres et la voix de Dieu!... Là gît une capitale couchée sous les paisibles cyprès du Père-Lachaise...

Par une matinée de printemps, dont le soleil faisait briller toutes les beautés de ce paysage, je les admirais, appuyé sur un gros orme qui livrait au vent ses fleurs jaunies; et, voyant ces riches et sublimes tableaux, je pensais avec amertume au mépris que nous professons, même dans nos livres, pour notre pays d'aujourd'hui. Je maudissais ces pauvres riches qui, dégoûtés de notre belle France, vont acheter, à prix d'or, le droit de dédaigner leur patrie en visitant au galop, en examinant à travers un lorgnon les sites de cette Italie devenue si vulgaire. Je contemplais avec amour le Paris moderne, je rêvais,... lorsque tout-à-coup le bruit d'un baiser troubla ma solitude et fit enfuir ma philosophie.

Dans la contre-allée qui couronne la pente rapide au bas de laquelle frissonne un ruisseau, je découvris, en regardant au-delà du pont des Gobelins, une femme, qui me parut encore assez jeune, mise avec la simplicité la plus élégante, et dont la physionomie douce semblait refléter tout le bonheur et toute la gaieté du paysage.

Un beau jeune homme posait à terre le plus joli petit garçon qu'il fût possible de voir, en sorte que je n'ai jamais su si le baiser avait retenti sur les joues de la mère ou sur celles de l'enfant.

Une même pensée, tendre et vive, éclatait dans les yeux, dans les gestes, dans le sourire des deux jeunes gens. Ils entrelacèrent leurs bras avec une si joyeuse promptitude, et se rapprochèrent avec une si merveilleuse entente de mouvement, que, tout à eux-mêmes, ils ne s'aperçurent point de ma présence; mais un autre enfant, mécontent, boudeur, et qui leur tournait le dos, jeta sur moi un regard empreint d'une expression saisissante. Laissant son frère courir seul, tantôt en arrière, tantôt en avant de sa mère et du jeune homme, cet enfant, vêtu comme l'autre, aussi gracieux, mais plus doux de formes, resta muet, immobile, et dans l'attitude d'un serpent engourdi. C'était une petite fille.

La promenade de la jolie femme et de son compagnon avait je ne sais quoi de machinal. Se contentant, par distraction peut-être, de parcourir le faible espace qui se trouvait entre le petit pont et une voiture arrêtée au détour du boulevard, ils recommençaient constamment leur courte carrière, en s'arrêtant, se regardant, riant, au gré des caprices d'une conversation tour à tour animée, languissante, folle ou grave.

Caché par le gros orme, j'admirais cette scène délicieuse dont j'aurais sans doute respecté les mystères si je n'avais surpris, sur le visage de la petite fille rêveuse et taciturne, les traces d'une pensée plus profonde que ne le comportait son âge. Quand sa mère et le jeune homme se retournaient après être venus près d'elle, souvent elle penchait sournoisement la tête, et lançait sur eux comme sur son frère un regard furtif et vraiment extraordinaire. Mais rien ne saurait rendre la perçante finesse, la malicieuse naïveté, la sauvage attention qui animait ce visage enfantin aux yeux légèrement cernés, quand la jolie femme ou son compagnon caressaient les boucles blondes, pressaient gentiment le cou frais, la blanche collerette du petit garçon, au moment où, par enfantillage, il essayait de marcher avec eux.

Il y avait certes une passion d'homme sur la physionomie grêle de cette petite fille toute bizarre.

Elle souffrait ou pensait. Or, qui prophétise plus sûrement la mort chez ces créatures en fleur? Est-ce la souffrance logée au corps, ou la pensée hâtive dévorant leurs âmes, à peine germées?... Une mère sait cela peut-être. Pour moi, je ne connais maintenant rien de plus horrible qu'une pensée de vieillard sur un front d'enfant : le blasphème aux lèvres d'une vierge est moins monstrueux encore.

Aussi l'attitude presque stupide de cette fille déjà pensive, la rareté de ses gestes, tout m'intéressa. Je l'examinai curieusement; et, par une fantaisie naturelle aux observateurs, je la comparais à son frère, en cherchant à surprendre les rapports et les différences qui se trouvaient entre eux.

La première avait des cheveux bruns, des yeux noirs et une puissance précoce qui formaient une riche opposition avec la blonde chevelure, les yeux vert de mer, et la gracieuse faiblesse du plus jeune. L'aînée pouvait avoir de sept à huit ans; l'autre six à peine. Ils étaient habillés de la même manière. Cependant, en les regardant avec attention, je remarquai dans les collerettes de leurs chemises, une différence assez frivole, mais qui, plus tard, me révéla tout un roman dans le passé, un drame dans l'avenir. Et c'était bien peu de chose : un simple ourlet bordait la collerette de la petite fille brune; mais de jolies broderies ornaient celle du cadet, et trahissaient un secret de cœur, une prédilection tacite que les enfans lisent dans l'âme de leurs mères, comme si l'esprit de Dieu était en eux.

Insouciant et gai, le blond ressemblait à une

petite fille, tant sa peau blanche avait de fraîcheur, ses mouvemens de grâce, sa physionomie de douceur! et l'aînée, malgré sa force, malgré la beauté de ses traits, l'éclat de son teint, ressemblait à un petit garçon maladif. Ses yeux vifs, dénués de cette humide vapeur qui donne tant de charme aux regards des enfans, semblaient avoir été, comme ceux des courtisans, séchés par un feu intérieur. Enfin sa blancheur avait je ne sais quelle nuance mate, olivâtre, symptôme d'un vigoureux caractère.

A deux reprises, son jeune frère était venu lui offrir, avec une grâce touchante, avec un joli regard, avec une mine expressive, dont Charlet eût été ravi, le petit cor de chasse dans lequel il soufflait par instans; mais chaque fois elle n'avait répondu que par un farouche regard à cette phrase : « Tiens, Hélène, le veux-tu? » dite d'une voix caressante.

Et sombre, et terrible sous sa mine insouciante en apparence, elle tressaillait et rougissait même assez vivement lorsque son frère approchait; mais le cadet ne paraissait pas s'apercevoir de l'humeur noire de sa sœur; et son insouciance, mêlée d'intérêt, achevait de faire contraster le véritable caractère de l'enfance avec la science soucieuse de l'homme, inscrite déjà sur la figure de la petite fille, et l'obscurcissant déjà de ses nuages sombres.

— Maman, Hélène ne veut pas jouer, s'écria le petit, saisissant un moment où sa mère et le jeune homme étaient restés silencieux sur le pont des Gobelins.

— Laisse-la, Charles... Tu sais bien qu'elle est toujours grognon.

Ces paroles, prononcées au hasard par la mère, qui ensuite se retourna brusquement avec le jeune homme, arrachèrent des larmes à Hélène; mais elle les dévora silencieusement, lança sur son frère un de ces regards profonds qui me semblaient inexplicables, et contempla d'abord, avec une sinistre intelligence, le talus sur le faîte duquel il était, puis la rivière de Bièvre, le pont, le paysage et... moi.

Craignant d'être aperçu par le couple joyeux dont j'aurais sans doute troublé l'entretien, je me retirai doucement, et j'allai me réfugier derrière une haie de sureau dont le feuillage me déroba complètement à tous les regards.

Je m'assis tranquillement sur le haut du talus, en regardant en silence et tour à tour, soit les beautés changeantes du site, soit la petite fille sauvage qu'il m'était encore possible d'entrevoir à travers les interstices de la haie et les pieds des sureaux sur lesquels ma tête reposait, presqu'au niveau du boulevard. En ne me voyant plus, Hélène parut inquiète, et ses yeux noirs me cherchèrent dans le lointain de l'allée, derrière les arbres, avec une indéfinissable curiosité. Qu'étais-je donc pour elle ?...

En ce moment, les rires naïfs de Charles retentirent dans le silence, comme un chant d'oiseau. Le beau jeune homme, blond comme lui, le faisait danser dans ses bras, et l'embrassait en lui prodiguant ces petits mots sans suite et détournés de leur sens véritable, que nous adressons amicalement aux enfans. La mère souriait à ces jeux, et, de temps à autre, disait, sans doute à voix basse, des paroles de cœur; car son compagnon s'arrêtait, tout heureux, et la regardait d'un œil bleu plein de feu, plein d'idolâtrie.

Leurs voix, mêlées à celle de l'enfant, avaient je ne sais quoi de caressant... Ils étaient charmans tous trois... Cette scène délicieuse, au milieu de ce paysage magnifique, y répandait une incroyable suavité. Une femme, belle, blanche, rieuse; un enfant d'amour, un homme ravissant de jeunesse... Un ciel pur, toutes les harmonies de la nature s'accordaient pour réjouir même un cœur plein de mélancolie, et je me surpris à sourire, comme si ce bonheur était le mien... Le beau jeune homme entendit sonner neuf heures; alors, après avoir tendrement embrassé sa compagne, devenue sérieuse et presque triste, il revint vers son tilbury, qui s'avançait doucement conduit par un vieux domestique. Le babil de l'enfant chéri se mêla aux derniers baisers que lui donna le jeune homme; puis, quand celui-ci fut monté dans sa voiture, et que la femme immobile, écoutant le tilbury rouler, en suivit la trace marquée par la poussière nuageuse, dans la verte allée du boulevard, Charles accourut à sa sœur, près du pont, et j'entendis qu'il lui disait d'une voix argentine :

— Pourquoi donc que tu n'es pas venu dire adieu à mon bon ami ?

En voyant son frère sur le penchant du talus, Hélène lui lança le plus horrible regard qui jamais ait allumé les yeux d'un enfant, et le poussa par un mouvement de rage. Charles roula vivement sur le versant rapide, y rencontra des racines qui le rejetèrent violemment sur les pierres coupantes du mur; il s'y fracassa le front; et, tout sanglant, alla tomber dans les eaux boueuses de la rivière. L'onde s'écarta en mille jets bruns pour recevoir sa jolie tête blonde. J'entendis les cris aigus du pauvre petit; mais bientôt ses accens se perdirent étouffés dans la vase, où il disparut en rendant un son lourd, comme celui d'une pierre qui tombe: l'éclair n'est pas plus prompt que ne le fut cette chute.

Je me levai soudain, et descendis par un sentier...

Alors Hélène, stupéfaite, poussa des cris perçans : — Maman!... maman!...

La mère était là!... près de moi. Elle avait volé comme un oiseau; mais ni les yeux de la mère, ni les miens, ne pouvaient trouver l'endroit où l'enfant était enseveli. L'eau noire bouillonnait sur un espace immense. Le lit de la Bièvre a, dans cet endroit, dix pieds de boue... L'enfant devait y mourir... Il était impossible de le secourir.

Pourquoi aurai-je dit le secret de ce malheur ? Hélène avait peut-être vengé son père... Sa jalousie était sans doute le glaive de Dieu. Cependant je frissonnai en contemplant la mère ! Quel épouvantable interrogatoire, son mari, son juge éternel, n'allait-il pas lui faire subir ?... Elle traînait avec elle un témoin incorruptible. L'enfance a le front transparent, le teint diaphane ; et le mensonge est comme une lumière qui rougit même le regard...

Ne pensant pas encore au supplice qui l'attendait chez elle, la malheureuse regardait la Bièvre !...

SCÈNE XIV.

LES DEUX RENCONTRES.

LES DEUX RENCONTRES.

LA FASCINATION.

M. de Verdun, ancien officier d'ordonnance de Napoléon, et qui, sous la restauration, avait été appelé à une haute fortune, était venu passer les beaux jours à Versailles, où il habitait une maison de campagne située entre l'église et la barrière de Montreuil, sur le chemin qui conduit à l'avenue de Saint-Cloud. Son service à la cour ne lui avait pas permis de faire à sa terre son séjour habituel.

Élevée jadis pour servir d'asile aux passagères amours de quelque grand-seigneur, ce pavillon avait de très vastes dépendances; et les jardins s'étendaient assez également à droite et à gauche pour l'éloigner, par une même longueur de murs, soit des premières maisons de Montreuil, soit des chaumières construites aux environs de la barrière. Ainsi, sans être par trop isolés, les maîtres de cette propriété jouissaient, à deux pas d'une ville, de tous les plaisirs de la solitude. Par une étrange contradiction, la façade et la porte d'entrée de la maison donnaient immédiatement sur la rue ; mais peut-être, autrefois, le chemin était-il peu fréquenté. Cette hypothèse paraît vraisemblable si l'on vient à songer qu'il aboutit au délicieux pavillon bâti par Louis XV pour mademoiselle de Romans; et qu'avant d'y arriver les curieux reconnaissent, çà et là, plus d'un *casino* dont l'intérieur et le décor trahissent les spirituelles débauches de nos aïeux, qui, malgré la licence dont on les accuse, cherchaient néanmoins l'ombre et le mystère.

Par une soirée d'hiver, le général Verdun, sa femme et ses enfans, se trouvèrent seuls dans cette maison déserte. Leurs gens avaient obtenu la permission d'aller célébrer à Versailles la noce de l'un d'entre eux ; et, présumant que la solennité de Noël, jointe à cette circonstance, leur offrirait une valable excuse auprès de leurs maîtres, ils ne se faisaient pas scrupule de consacrer à la fête un peu plus de temps que ne leur en avait octroyé l'ordonnance domestique.

Cependant, comme M. de Verdun était connu pour un homme qui n'avait jamais manqué d'accomplir sa parole avec une inflexible probité, les réfractaires ne dansèrent pas sans quelques remords quand le moment du retour fut expiré. Dix heures venaient de sonner, et pas un domestique n'était arrivé.

Le profond silence qui régnait sur la campagne permettait d'entendre, par intervalles, la bise sifflant à travers les branches noires des arbres, mugissant autour de la maison, ou s'engouffrant dans les longs corridors. La gelée avait si bien purifié l'air, durci la terre et saisi les pavés, que tout avait cette sonorité sèche dont les phénomènes nous surprennent toujours. La lourde démarche d'un buveur attardé, ou le bruit d'un fiacre retournant à Paris, retentissaient plus vivement et se faisaient écouter plus loin que de coutume. Les feuilles mortes, mises en danse par quelques tourbillons soudains, frissonnaient sur les pierres de la cour de manière à donner une voix à la nuit, quand elle voulait devenir muette. C'était enfin une de ces âpres soirées qui arrachent à notre égoïsme une plainte stérile en faveur du pauvre ou du voyageur, et qui nous rendent le coin du feu si voluptueux !...

En ce moment, la famille Verdun, réunie au salon, ne s'inquiétait ni de l'absence des domestiques, ni des gens sans foyer, ni de la poésie dont étincelle une veillée d'hiver : sans philosopher hors de propos, et se fiant à la protection d'un vieux soldat, femmes et enfans se livraient aux ineffables délices dont est féconde une vie intérieure quand les sentimens n'y sont pas gênés, quand l'affection, la franchise et la délicatesse animent les discours, les regards et les jeux...

Le colonel était assis, ou, pour mieux dire, enseveli dans une haute et spacieuse bergère, au coin de la cheminée, où brillait un feu nourri qui répandait cette chaleur piquante, symptôme d'un froid excessif au dehors. Appuyée sur le dos du siége, et légèrement inclinée, la tête de ce bon père restait dans une pose dont l'indolence peignait un calme parfait, un doux épanouissement de joie intime ; et ses bras, à moitié endormis, mollement jetés hors de la bergère, achevaient d'exprimer une pensée de bonheur.

Il contemplait le plus petit de ses enfans, un garçon à peine âgé de cinq ans, qui, demi-nu, se refusait à se laisser déshabiller par sa mère. Le bambin fuyait la chemise ou le bonnet de nuit dont madame de Verdun le menaçait parfois ; et, gardant sa collerette brodée, il riait à sa mère quand elle l'appelait, s'apercevant qu'elle riait elle-même de cette rébellion enfantine. Alors il se remettait à jouer avec sa sœur, aussi naïve, mais plus malicieuse et parlant déjà plus distinctement que lui, dont les vagues paroles et les idées confuses étaient à peine intelligibles pour ses parens. La petite Moïna, son aînée de deux ans, provoquait par des agaceries déjà féminines, d'interminables rires partant comme des fusées, et qui semblaient ne pas avoir de causes ; mais à les voir, tous deux, se roulant devant le feu, montrant, sans pudeur, leurs jolis corps potelés, leurs formes blanches et délicates, confondant les boucles de leurs chevelures noire et blonde, heurtant leurs visages rose où la joie traçait des fossettes ingénues, certes un père et surtout une mère comprenaient ces petites âmes, pour eux déjà caractérisées, pour eux déjà passionnées. Ces deux anges faisaient pâlir, par les vives couleurs de leurs yeux humides, de leurs joues brillantes, de leur teint blanc, les fleurs du tapis moelleux, ce théâtre de leurs ébats, sur lequel ils tombaient, se renversaient, se combattaient, se roulaient sans danger.

Assise sur une causeuse à l'autre coin de la cheminée, en face de son mari, la mère était entourée de vêtemens épars; et restait, un soulier rouge à la main, dans une attitude pleine de laisser-aller. Son indécise sévérité mourait dans un doux sourire gravé sur ses lèvres... Agée d'environ trente-huit ans, elle conservait encore une beauté due à la rare perfection des lignes de son visage, auquel la chaleur, la lumière et le bonheur prêtaient en ce moment un éclat surnaturel. Souvent elle cessait de regarder ses enfans pour reporter ses yeux caressans sur la grave et puissante figure de son mari; et parfois, les yeux des deux époux se rencontrant, ils échangeaient de muettes jouissances, et de profondes réflexions...

Le colonel avait un visage fortement basané. Son front large et pur était sillonné par quelques mèches de cheveux grisonnans. Un ruban rouge brillait à la boutonnière de son habit; et les mâles éclairs de ses yeux bleus, la bravoure inscrite dans les rides de ses joues flétries, annonçaient qu'il devait cette distinction à de rudes, à de glorieux travaux. En ce moment, les innocentes joies exprimées par ses deux enfans se reflétaient sur sa physionomie vigoureuse et ferme, où perçaient une bonhomie, une candeur indicibles. Ce vieux capitaine était redevenu petit sans beaucoup d'efforts; car il y a toujours un peu d'amour pour l'enfance chez les soldats qui ont expérimenté le monde et la vie, qui ont appris à reconnaître les misères de la force et les priviléges de la faiblesse.

Plus loin, devant une table ronde, éclairée par des lampes astrales dont les vives lumières luttaient avec les lueurs plus pâles des bougies placées sur la cheminée, était un jeune garçon de treize ans, occupé à lire un gros livre dont il tournait rapidement les pages. Les cris de son frère et de sa sœur ne lui causaient aucune distraction. Sa figure accusait toute la curiosité de la jeunesse. Cette profonde préoccupation était justifiée par les attachantes merveilles des *Mille et une Nuits* et par un uniforme de lycéen. Il restait immobile, dans une attitude méditative, un coude sur la table, et la tête appuyée sur l'une de ses mains, dont les doigts blancs tranchaient au milieu d'une chevelure brune. La clarté tombant d'aplomb sur son visage, et le reste du corps étant dans l'obscurité, il ressemblait ainsi à ces portraits noirs où Raphaël s'est représenté lui-même, attentif, penché, songeant à l'avenir.

Entre cette table et madame de Verdun, une grande et belle jeune fille travaillait assise devant un métier à tapisserie, sur lequel se penchait et d'où s'éloignait alternativement sa tête, dont les cheveux d'ébène artistement lissés réfléchissaient la lumière.

A elle seule, Hélène formait un ravissant spectacle. Sa beauté se distinguait par un rare caractère de force et d'élégance. Quoique relevée de manière à dessiner des traits vifs autour de la tête, la chevelure était si abondante que, rebelle aux dents du peigne, elle se frisait énergiquement à la naissance du cou. Ses sourcils, très fournis et régulièrement plantés, tranchaient avec la blancheur de son front pur. Elle avait même sur la lèvre supérieure quelques signes de courage, qui figuraient une légère teinte de bistre sous un nez grec dont les contours étaient d'une exquise perfection. Mais la captivante rondeur des formes, la candide expression des autres traits, la transparence d'une carnation délicate, la voluptueuse mollesse des lèvres, le fini de l'ovale décrit par le visage, et surtout la sainteté de son regard vierge, imprimaient à cette beauté vigoureuse la suavité féminine, la modestie enchanteresse que nous demandons à ces anges de paix et d'amour. Seulement il n'y avait rien de frêle dans cette jeune fille, et son cœur devait être aussi doux, son âme aussi forte, que ses proportions étaient magnifiques et sa figure attrayante.

Imitant le silence de son frère le lycéen, elle paraissait en proie à l'une de ces fatales méditations de jeune fille, souvent impénétrables à l'observation d'un père et même à la sagacité des mères ; en sorte qu'il était impossible de savoir s'il fallait attribuer aux jeux de la lumière ou à des peines secrètes les ombres capricieuses qui passaient sur son visage comme des nuées sur un ciel pur.

Les deux aînés étaient en ce moment complètement oubliés par M. et madame de Verdun. Cependant, plusieurs fois, le coup-d'œil interrogateur du général avait embrassé la scène muette qui, sur le second plan, offrait une gracieuse réalisation des espérances écrites dans les tumultes enfantins placés sur le devant de ce tableau domestique. En expliquant la vie humaine par d'insensibles gradations, ces figures composaient une sorte de poème vivant. Et le luxe des accessoires qui décoraient le salon ; et la diversité des attitudes ; et les oppositions formées par les vêtemens tous divers de couleurs ; et les contrastes créés par les expressions de ces visages fortement accidentés, grâce aux tons imprimés par les différens âges et aux contours mis en saillie par les lueurs, répandaient sur ces pages humaines toutes les richesses demandées à la sculpture, aux peintres, aux écrivains... Enfin, le silence et l'hiver, la solitude et la nuit, prêtaient leur majesté à cette sublime et naïve composition, délicieux effet de nature.

Il y a dans la vie conjugale de ces heures sacrées dont le charme indéfinissable est dû peut-être à quelque souvenance d'un monde meilleur... Des rayons célestes jaillissent, sans doute, sur ces sortes de scènes, destinées à payer à l'homme une partie de ses chagrins, à lui faire accepter l'existence. Il semble que l'univers soit là, devant nous, sous une forme enchanteresse, nous déroulant de grandes idées d'ordre, plaidant pour les lois, pour la société; nous dénonçant l'avenir...

Cependant, malgré le regard d'attendrissement jeté par Hélène sur Abel et Moïna quand éclatait une de leurs joies; malgré le bonheur peint sur sa lucide figure lorsqu'elle contemplait furtivement son père, il y avait en elle un sentiment de profonde mélancolie empreint dans ses gestes, dans son attitude, et surtout dans ses yeux voilés par de longues paupières.

Ses blanches et puissantes mains, à travers lesquelles la lumière passait, en leur communiquant une rougeur diaphane et presque fluide, eh bien! ses mains tremblaient!... Une seule fois, sans se défier mutuellement, ses yeux et ceux de madame de Verdun se heurtèrent; alors, ces deux femmes se comprirent par un regard terne et froid, respectueux chez Hélène, sombre et menaçant chez la mère. Hélène baissa promptement sa vue sur le métier, tira l'aiguille avec prestesse, et de long-temps ne releva sa tête, qui semblait lui être devenue trop lourde à porter.

La mère était-elle trop sévère pour sa fille, et jugeait-elle cette sévérité nécessaire ?..... Était-elle jalouse de la beauté d'Hélène, avec qui elle pouvait rivaliser encore, mais en déployant tous les prestiges de la toilette ? Ou la fille avait-elle surpris, comme toutes les filles quand elles deviennent clairvoyantes, des secrets que cette femme, en apparence si religieusement fidèle à ses devoirs, croyait avoir ensevelis dans son cœur aussi profondément que dans une tombe?... Quoi qu'il en fût, depuis quelque temps, Hélène était devenue plus pieuse et plus recueillie qu'aux jours où, folâtre, elle demandait à aller au bal; et jamais elle n'avait été si caressante pour son père, surtout quand madame de Verdun n'était pas témoin de ses cajoleries de jeune fille...

Néanmoins, s'il existait du refroidissement dans l'affection d'Hélène pour sa mère, il était si finement exprimé que le colonel ne devait pas s'en apercevoir, tout jaloux qu'il pût être de l'union qui régnait dans sa famille et dont il se faisait gloire. Nul homme n'aurait eu de vue assez perçante pour sonder la profondeur de ces deux cœurs féminins : l'un jeune et généreux, l'autre sensible et fier; le premier, trésor d'indulgence, le second plein de finesse et d'amour. Si la mère contristait sa fille par un adroit despotisme de femme, il n'était sensible qu'aux yeux de la victime... Au reste, l'évènement seulement fit naître ces conjectures toutes insolubles. Jusqu'à cette nuit, aucune lumière accusatrice ne s'était échappée de ces deux âmes; mais entre elles et Dieu il s'élevait certainement quelque sinistre mystère.....

— Allons, Abel, s'écria madame de Verdun,

en saisissant un moment où, silencieux et fatigués, Moïna et son frère restaient immobiles; allons, venez, mon fils, il faut vous coucher...

Et lui lançant un regard impérieux, elle le prit vivement sur ses genoux.....

— Comment!... dit le général, il est dix heures et demie... et pas un de nos domestiques n'est rentré!... Ah! les compères!...

— Gustave!... ajouta-t-il, en se tournant vers son fils, s'il vous reste peu de pages à lire, achevez votre conte; ou sinon, en route!... Il faut dormir, mon enfant. Demain nous avons cinq lieues à faire, et comme nous devons être à huit heures au lycée, ne badinons pas avec la consigne...

Sans donner la moindre marque de regret, Gustave ferma le livre à l'instant même, avec une obéissance tout à la fois intelligente et passive, qui révélait l'empire exercé par le colonel dans sa maison.

Il y eut un moment de silence pendant lequel M. de Verdun, s'emparant de Moïna, qui se débattait contre le sommeil, la posa doucement sur lui; et alors la tête chancelante de la petite roula sur la poitrine du père et s'y endormit tout-à-fait, enveloppée dans les rouleaux dorés de sa jolie chevelure...

En cet instant, des pas horriblement rapides retentirent dans la rue, sur la terre, et soudain trois coups, frappés à la porte, réveillèrent les échos de la maison. Ces coups prolongés eurent un accent aussi facile à comprendre que le cri d'un homme en danger de mourir. Le chien de garde aboya d'un ton de fureur. Hélène, Gustave, le général et sa femme tressaillirent vivement; mais Abel, que sa mère achevait de coiffer, et Moïna ne s'éveillèrent pas.

— Il est pressé, celui-là!... s'écria le militaire, en déposant sa fille sur la bergère.

Il sortit brusquement du salon, sans avoir entendu la demande de sa femme.

— Mon ami, n'y va pas...

M. de Verdun passa dans sa chambre à coucher, y prit une paire de pistolets, alluma sa lanterne sourde, s'élança vers l'escalier, descendit avec la rapidité de l'éclair, et se trouva bientôt à la porte de la maison.

— Qui est là ?... demanda-t-il.

— Ouvrez !... répondit une voix presque suffoquée par des respirations haletantes.

— Êtes-vous ami ?

— Oui, ami !...

— Êtes-vous seul ?...

— Oui... mais ouvrez... *Ils* viennent !... *ils* viennent !...

Un homme se glissa sous le porche avec la fantastique vélocité d'une ombre aussitôt que le colonel eut entrebâillé la porte ; et, sans qu'il pût s'y opposer, l'inconnu l'obligea de la lâcher en la repoussant par un vigoureux coup de pied, et il s'y appuya résolument comme pour empêcher de la rouvrir.

Alors M. de Verdun, levant à la fois son pistolet et sa lanterne sur la poitrine de l'étranger, afin de le tenir en respect, vit un homme de moyenne taille, enveloppé dans une pelisse fourrée, vêtement de vieillard, ample et traînant, qui semblait ne pas avoir été fait pour lui. Soit prudence ou hasard, le fugitif avait le front entièrement couvert par un chapeau qui lui tombait sur les yeux.

— Monsieur... dit-il au général, abaissez le canon de votre pistolet. Je ne prétends pas rester chez vous sans votre consentement; mais si je sors... la mort m'attend à la barrière... Et quelle mort!... Vous en répondriez à Dieu!... Je vous demande l'hospitalité pour deux heures... — Songez-y bien, monsieur; car, tout suppliant que je suis, je dois commander avec le despotisme de la nécessité... — Je veux l'hospitalité de l'Arabie... Que je vous sois sacré!... sinon... ouvrez... j'irai mourir... Il me faut le secret, un asile, et de l'eau!

— Oh! de l'eau!... répéta-t-il d'une voix qui râlait.

— Qui êtes-vous?... demanda le général surpris

de la volubilité fiévreuse avec laquelle parlait l'inconnu...

— Ah! qui je suis?... — Eh bien! ouvrez... que je m'éloigne... répondit l'homme avec un accent d'ironie infernale.

Malgré l'adresse avec laquelle M. de Verdun promenait les rayons de sa lanterne, il ne pouvait voir que le bas du visage de son hôte, et rien n'y plaidait en faveur d'une hospitalité si singulièrement réclamée : les joues étaient tremblantes, livides, les traits horriblement contractés; et, dans l'ombre projetée par le bord du chapeau, les yeux se dessinaient comme deux lueurs qui firent presque pâlir la faible lumière de la bougie.

Cependant il fallait une réponse.

— Monsieur, dit le général, votre langage est certainement celui d'un homme de bonne compagnie; mais à ma place, vous...

— Vous disposez de ma vie!... s'écria l'étranger d'un son de voix terrible en interrompant son hôte.

— Deux heures!... dit M. de Verdun irrésolu.

— Deux heures!... répéta l'homme.

Mais tout-à-coup, repoussant en arrière son chapeau par un geste de désespoir, il lança, comme s'il voulait faire une dernière tentative, un regard dont la vive clarté pénétra l'âme du colonel. Ce jet puissant de l'intelligence et de la volonté ressemblait à un éclair, et fut écrasant comme la foudre; car il y a des momens où les hommes sont investis d'un pouvoir inexplicable.

— Allez, qui que vous puissiez être, reprit gravement le maître du logis, croyant obéir à l'un de ces mouvemens instinctifs dont l'homme ne sait pas toujours se rendre compte, vous serez en sûreté sous mon toit...

— Dieu vous le rende!... ajouta l'inconnu, laissant échapper un profond soupir...

— Êtes-vous armé?... demanda le général.

Pour toute réponse, l'étranger, lui donnant

à peine le temps de jeter un coup-d'œil sur sa personne, ouvrit et replia lestement sa pelisse. Il était sans armes apparentes et dans le costume d'un jeune homme sortant du bal.

Tout rapide que fut l'examen du soupçonneux militaire, il en vit assez pour s'écrier :

— Où diable avez-vous pu vous éclabousser ainsi par un temps si sec?...

— Déjà des questions?... répondit-il avec un air de hauteur.

— Suivez-moi, reprit M. de Verdun.

Ils devinrent silencieux, comme deux joueurs qui se défient l'un de l'autre.

Le colonel commença même à concevoir de sinistres pressentimens ; car l'inconnu lui pesait déjà sur le cœur comme un cauchemar ; mais, dominé par la foi du serment, il conduisit son hôte à travers les corridors, les escaliers de sa maison, et le fit entrer dans une grande chambre située au second étage, précisément au-dessus du salon. Cette pièce inhabitée servait de séchoir en hiver, ne communiquait à aucun appartement, et n'avait d'autre décoration, sur ses quatre murs jaunis, qu'un méchant miroir laissé sur la cheminée par le précédent propriétaire, et une grande glace qui, n'ayant pu être employée lors de l'emménagement de M. de Verdun, était provisoirement restée en face de la cheminée. Le plancher de cette vaste mansarde n'avait jamais été balayé; l'air y était glacial; et deux vieilles chaises dépaillées en composaient le mobilier.

Après avoir posé sa lanterne sur l'appui de la cheminée, le général dit à l'inconnu :

— Votre sécurité veut que cette misérable mansarde vous serve d'asile... Et — comme vous avez ma parole pour le secret, vous me permettrez de vous y enfermer...

L'homme baissa la tête en signe d'adhésion.

— Je n'ai demandé qu'un asile, le secret... et — de l'eau... ajouta-t-il.

— Je vais vous en apporter... répondit M. de Verdun.

Puis, fermant la porte avec soin, il descendit à tâtons dans le salon, pour y venir prendre un flambeau, afin d'aller chercher lui-même une carafe dans l'office.

— Hé bien, Monsieur, qu'y a-t-il ?... demanda vivement madame de Verdun à son mari.

— Rien, ma chère, répondit-il d'un air froid.

— Mais nous avons cependant bien écouté... Vous venez de conduire quelqu'un là-haut...

— Gustave, Hélène !... reprit le général en regardant ses enfans, qui levèrent la tête vers lui, songez que l'honneur de votre père repose sur votre discrétion. Vous devez n'avoir rien entendu...

Le lycéen et la jeune fille répondirent par un mouvement de téte significatif. Madame de Verdun demeura tout interdite et piquée in-

térieurement de la manière dont son mari s'y
prenait pour lui imposer silence.

Le colonel alla prendre une carafe, un verre,
et remonta dans la chambre où était son prisonnier. Il le trouva debout, appuyé contre le
mur, près de la cheminée, la tête nue : il avait
jeté son chapeau sur une des deux chaises.
L'étranger ne s'attendait sans doute pas à se
voir si vivement éclairé ; car son front se plissa,
et sa figure devint soucieuse quand ses yeux
rencontrèrent les yeux perçans du général ;
mais il s'adoucit, et prit une physionomie gracieuse pour remercier son protecteur.

Lorsque ce dernier eut placé le verre et la
carafe sur l'appui de la cheminée, l'inconnu,
lui jetant encore un regard flamboyant, rompit le silence.

— Monsieur... dit-il d'une voix douce qui
n'eut plus de convulsions gutturales comme
précédemment, mais qui néanmoins accusait
encore un tremblement intérieur; Monsieur,
je vais vous paraître bizarre.. Excusez mes caprices... ils sont nécessaires. — Si vous restez

là, je vous prierai de ne pas me regarder quand je boirai.

Le général se retourna brusquement, contrarié de toujours obéir à un homme qui lui déplaisait.

L'étranger tira de sa poche un mouchoir blanc, s'en enveloppa la main droite; puis, saisissant la carafe, il but d'un trait l'eau qu'elle contenait. Sans penser à enfreindre son serment tacite, M. de Verdun regarda machinalement dans la glace; et alors, la correspondance des deux miroirs permettant à ses yeux de parfaitement embrasser l'inconnu, il vit le mouchoir se rougir soudain par le contact des mains, qui étaient — pleines de sang.

— Ah! vous m'avez regardé!..... s'écria l'homme, quand, après avoir bu et s'être enveloppé dans son manteau, il examina le général d'un air soupçonneux; alors je suis perdu; car *ils* viennent.... les voici!...

— Je n'entends rien... dit M. de Verdun.

— Vous n'êtes pas intéressé comme je le suis à écouter dans l'espace...

— Vous vous êtes donc battu en duel, pour être ainsi couvert de sang?... demanda le général, assez ému en distinguant la couleur des larges taches dont les vêtemens de son hôte étaient imbibés.

— Oui, un duel... vous l'avez dit !... répéta l'étranger en laissant errer sur ses lèvres un sourire amer.

En ce moment, le son des pas de plusieurs chevaux allant au grand galop retentit dans le lointain, mais ce bruit était faible comme les premières lueurs du matin. L'oreille exercée du colonel reconnut la marche des chevaux disciplinés par le régime de l'escadron. Alors, jetant sur son prisonnier un regard de nature à dissiper les doutes qu'il avait pu lui suggérer par son indiscrétion involontaire, il remporta la lumière et revint au salon.

A peine posait-il la clef de la chambre haute sur la cheminée, que le bruit produit par la cavalerie, grossissant et s'approchant avec une étonnante rapidité, le fit tressaillir ; car les chevaux bientôt s'arrêtèrent à la porte de la maison. Après avoir échangé quelques paroles avec ses camarades, un cavalier descendit, frappa rudement, et obligea le colonel d'aller ouvrir. Ce dernier ne fut pas maître d'une émotion secrète en voyant six gendarmes dont les chapeaux bordés d'argent et les armes brillaient à la clarté de la lune.

— Mon général, lui dit un brigadier... n'avez-vous pas entendu tout à l'heure un homme courant vers la barrière?...

— Vers la barrière?... non.

— Vous n'avez ouvert votre porte à personne?

— Est-ce que j'ai l'habitude d'ouvrir ma porte?...

— Mais, pardon, mon général, en ce moment, il me semble que...

— Ah ça! s'écria M. de Verdun avec un accent de colère, allez-vous me plaisanter?... Avez-vous le droit?...

— Rien, rien, général, reprit doucement le brigadier. Vous excuserez notre zèle..... Nous vous connaissons, et savons que vous êtes un homme trop prudent pour vous exposer à recevoir un assassin à cette heure de la nuit...

— Un assassin !... s'écria le général. Et qui donc a été...?

— M. le marquis de Mauny vient d'être haché en je ne sais combien de morceaux, reprit le gendarme. Mais l'assassin a été vivement poursuivi; nous sommes certains qu'il est dans les environs... et nous allons le traquer... Excusez, mon général.

Ces dernières phrases ayant été dites par le gendarme pendant qu'il montait à cheval, il ne lui fut heureusement pas possible de voir la figure du général, car le cauteleux officier de la police judiciaire, habitué à tout supposer, aurait peut-être conçu des soupçons à l'aspect de cette physionomie ouverte où se peignaient si fidèlement les mouvemens de l'âme.

— Sait-on le nom du meurtrier? demanda le général.

— Non, répondit le cavalier. Il a laissé le secrétaire plein d'or et de billets de banque, sans y toucher.

— C'est une vengeance... dit M. de Verdun.

— Ah! bah!... sur un vieillard!... Non, non, ce gaillard-là n'aura pas eu le temps de faire son coup.

Et le gendarme rejoignit ses compagnons, qui, déjà partis, galopaient dans le lointain.

M. de Verdun resta pendant un moment en proie à des perplexités faciles à comprendre. Bientôt il entendit ses domestiques qui revenaient en se disputant avec une sorte de chaleur, et dont les voix retentissaient dans le carrefour de Montreuil. Il ne les attendit pas long-temps. Quand ils arrivèrent, sa colère, à laquelle il fallait un prétexte pour s'exhaler du cœur où elle bouillonnait, tomba sur eux avec l'éclat de la foudre. Sa voix fit trembler les échos de la maison... Puis il s'apaisa tout-à-coup, lorsque le plus hardi, le plus adroit d'entre eux, son valet de chambre, excusa leur retard en lui disant qu'ils avaient été arrêtés à l'entrée de Montreuil par des gendarmes et des agens de police en quête d'un assassin...

Le général se tut soudain ; et, rappelé par ce mot aux devoirs de sa singulière position, il ordonna sèchement à tous ses gens d'aller se coucher aussitôt. Puis, les laissant étonnés de la facilité avec laquelle il admettait le mensonge du valet de chambre, il gagna l'escalier pour retourner au salon.

Mais pendant que ces évènemens se passaient dans la cour, un incident assez léger en apparence avait changé la situation des autres personnages qui figurent dans cette histoire.

A peine M. de Verdun était-il sorti que sa femme, jetant alternativement les yeux sur la clef de la mansarde et sur Hélène, finit par dire à voix basse en se penchant vers sa fille :

— Hélène... votre père a laissé la clef sur la cheminée.

La jeune fille étonnée leva la tête ; et, regardant timidement sa mère, dont les yeux pétillaient de curiosité :

— Hé bien! maman!... répondit-elle d'une voix troublée.

— Je voudrais bien savoir ce qui se passe là-haut... S'il y a une personne... elle n'a pas encore bougé... Vas-y donc...

— Moi!... dit la jeune fille avec une sorte d'effroi.

— As-tu peur ?...

—Non, madame ; mais — je crois avoir distingué le pas d'un homme...

— Si je pouvais y aller moi-même, je ne vous aurais pas prié de monter, Hélène, reprit sa mère avec un ton de dignité froide... Si votre père rentrait et ne me trouvait pas, il me chercherait peut-être, au lieu qu'il ne s'apercevra pas de votre absence.

— Madame, répondit Hélène, si vous me le commandez, j'irai ; mais je perdrai l'estime de mon père...

— Vraiment !... dit madame de Verdun avec un accent d'ironie. Puisque vous faites une chose sérieuse d'une plaisanterie, allez voir qui est là-haut... Voici la clef, ma fille! Votre père, en vous recommandant le silence sur ce qui se passe en ce moment chez lui, ne vous a point interdit de monter à cette chambre. — Allez, et sachez qu'une mère ne doit jamais être jugée par sa fille...

Après avoir prononcé ces dernières paroles avec toute la sévérité d'une mère offensée, madame de Verdun prit la clef et la remit à Hélène. Celle-ci, se levant sans dire un mot, quitta le salon.

— Ma mère saura toujours bien obtenir son pardon ; mais moi... je serai perdue dans l'esprit de mon père... Veut-elle donc me priver de la tendresse qu'il a pour moi, me chasser de sa maison ?...

Ces idées fermentèrent soudain dans son imagination pendant qu'elle marchait sans lumière le long du corridor, au fond duquel était la porte de la chambre mystérieuse. Quand elle y arriva, le désordre de ses pensées eut quelque chose de fatal. Cette espèce de méditation confuse servit à faire déborder mille sentimens contenus jusque là dans son cœur. Ne croyant peut-être déjà plus à un heureux avenir, elle acheva, dans ce moment affreux, de désespérer de sa vie. Elle trembla convulsivement en approchant la clef de la serrure ; et son émotion devint même si forte qu'elle s'arrêta un instant pour mettre la main sur son cœur, comme si elle avait le pouvoir d'en calmer les battemens profonds et sonores...

Enfin elle ouvrit la porte.

Le cri des gonds avait sans doute vainement frappé l'oreille du meurtrier ; car cet homme, dont l'ouïe était si fine, resta presque collé sur le mur, immobile et comme perdu dans ses pensées... Le cercle de lumière jaillissant de la lanterne l'éclairait faiblement ; et il ressemblait, dans cette zone de clair-obscur, à ces sombres statues de chevaliers, toujours debout à l'encoignure de quelque tombe noire sous les chapelles gothiques... Des gouttes de sueur froide sillonnaient son front jaune et large. Une audace incroyable brillait sur ce visage fortement contracté. Ses yeux de feu, fixes et secs, semblaient contempler un combat dans l'obscurité qui était devant lui. Des pensées tumultueuses passaient rapidement sur cette face, dont l'expression ferme et précise indiquait une âme supérieure. Son corps, son attitude, ses proportions, s'accordaient avec son génie sauvage. Cet homme était toute force et toute puissance, et il envisageait les ténèbres... comme une image de son avenir.

Habitué à voir les figures énergiques des géans qui se pressaient autour de Napoléon, et préoccupé par une curiosité morale, le général n'avait pas fait attention aux singularités physiques de cet homme extraordinaire; mais, sujette comme toutes les femmes aux impressions extérieures, Hélène fut saisie par le mélange de lumière et d'ombre, de grandiose et de passion, par un poétique chaos qui donnaient à l'inconnu l'apparence de Lucifer se relevant de sa chute. Tout-à-coup la tempête peinte sur ce visage s'apaisa comme par magie; et l'indéfinissable empire dont l'étranger était, à son insu peut-être, le principe et l'effet, se se répandit autour de lui avec la progressive rapidité d'une inondation. Un torrent de pensées découla de son front au moment où ses traits reprirent leurs formes naturelles. Alors, *charmée*, soit par l'étrangeté de cette entrevue, soit par le mystère dans lequel elle pénétrait, la jeune fille put admirer une physionomie douce et pleine d'intérêt.

Elle resta pendant quelque temps dans un prestigieux silence et en proie à des troubles qui jusqu'alors lui étaient inconnus. Mais bientôt, soit qu'Hélène eût laissé échapper une exclamation, eût fait un mouvement; ou que l'assassin, revenant du monde idéal au monde réel, entendît une autre respiration que la sienne, il tourna la tête vers la fille de son hôte; et à force de regarder dans l'ombre, il y aperçut indistinctement la figure sublime et les formes majestueuses d'une créature qu'il dut prendre pour un ange, à la voir immobile et vague comme une apparition.

— Monsieur... dit-elle d'une voix palpitante.

Le meurtrier tressaillit.

— Une femme ! s'écria-t-il doucement. Est-ce possible ?... Éloignez-vous, reprit-il. Je ne reconnais à personne le droit de me plaindre, de m'absoudre, ou de me condamner... Je dois vivre seul... Allez, mon enfant, ajouta-t-il avec un geste de souverain, je reconnaîtrais mal le service que me rend le maître de cette maison si je laissais une personne d'ici respirer le même air que moi. Il faut me soumettre aux lois du monde que j'habite...

Cette dernière phrase fut prononcée à voix basse.

En achevant d'embrasser par sa profonde intuition les misères évoquées à cette idée mélancolique, il jeta sur Hélène un regard de serpent qui réveilla dans le cœur de cette puissante créature un monde de pensées encore endormi chez elle. Ce fut comme une lumière qui lui aurait éclairé des pays inconnus. Son âme fut terrassée, subjuguée, sans qu'elle trouvât la force de se défendre contre le pouvoir magnétique de ce regard, tout involontairement lancé qu'il était.

Honteuse et tremblante, elle sortit; et, après avoir fermé la porte, elle revint au salon un moment avant le retour de son père, de sorte qu'elle ne put rien dire à sa mère.

Le général, tout préoccupé, se promena silencieusement, les bras croisés, allant d'un pas uniforme des fenêtres qui donnaient sur la rue aux fenêtres du jardin... Sa femme gardait Abel endormi. Moïna, posée comme un oiseau dans son nid, sommeillait insouciante. Gustave continuait à lire. Sa sœur aînée, tenant une pelotte de soie d'une main, et, de l'autre, une aiguille, contemplait le feu...

Le profond silence qui régnait au salon, au-dehors et dans la maison, n'était interrompu que par les pas traînans des domestiques, qui allèrent se coucher un à un; par quelques rires étouffés, dernier écho de leur joie et de la fête nuptiale; puis encore par les portes de leurs chambres respectives, au moment où ils les ouvraient en se parlant les uns aux autres, et quand ils les fermèrent...Quelques bruits sourds retentirent encore auprès des lits... Une chaise tomba. La toux d'un vieux cocher résonna faiblement et se tut... Mais bientôt la sombre majesté qui éclate dans la nature endormie à minuit domina partout. Les étoiles seules brillaient. Le froid avait saisi la terre... Pas un être ne parla, ne remua... Seulement le feu bruissait, comme pour faire comprendre la profondeur du silence... L'horloge de Montreuil sonna minuit...

— Comment, Gustave?... dit le général en voyant son fils encore assis à la table verte et lisant toujours ; comment, tu es là ?...

En ce moment des pas extrêmement légers retentirent faiblement dans l'étage supérieur. M. de Verdun et sa fille, certains d'avoir enfermé l'assassin de M. de Mauny, attribuant ces mouvemens à une des femmes, ne furent pas étonnés d'entendre ouvrir les portes de la pièce qui précédait le salon.

Tout-à-coup le meurtrier apparut au milieu d'eux !

La stupeur dans laquelle M. de Verdun était plongé, la vive curiosité de la mère, et l'étonnement de la fille, lui ayant permis d'avancer presque au milieu du salon, il dit au général, d'une voix singulièrement calme et mélodieuse :

— Monsieur, les deux heures vont expirer !...

— Vous ici !... s'écria le général. Par quelle puissance ?...

Et, d'un regard terrible, il interrogea sa femme et ses enfans.

Hélène devint rouge comme le feu.

— Vous, reprit le militaire d'un ton pénétré, vous au milieu de nous !... Un assassin couvert de sang ici !... Ah ! vous souillez ce tableau... Sortez, sortez... ajouta-t-il avec un accent de fureur.

Au mot d'assassin, madame de Verdun jeta

un cri perçant. Sa fille pâlit. Gustave regarda l'inconnu d'un air moitié curieux, moitié surpris.

L'étranger resta immobile et froid. Un sourire de dédain se peignit dans ses traits et sur ses larges lèvres rouges ; puis il dit lentement :

— Vous reconnaissez bien mal la noblesse de mes procédés envers vous... Je n'ai pas même voulu toucher de mes mains le verre dans lequel vous m'avez donné de l'eau pour apaiser ma soif... Je n'ai pas même pensé à laver mes mains sanglantes sous votre toit ; et — j'en sors n'y ayant laissé de *mon crime* (à ces mots ses lèvres se comprimèrent) que l'idée, pour ainsi dire, essayant de passer ici sans laisser de trace... Enfin je n'ai pas même permis à votre fille de...

— Ma fille !... s'écria le général en jetant sur Hélène un coup-d'œil d'horreur. Ah! malheureux, sors, ou je te livre... ou je te tue...

— Les deux heures ne sont pas tout-à-fait expirées... Vous ne pouvez ni me tuer, ni me livrer, sans perdre votre estime... et — la mienne.

A ce dernier mot, le vieux militaire stupéfait essaya de contempler le criminel; mais il fut obligé de baisser les yeux, en se sentant hors d'état de soutenir l'insupportable éclat d'un regard qui, pour la seconde fois, lui désorganisait l'âme... Il craignit de mollir encore, en reconnaissant que sa volonté s'affaiblissait déjà.

— Assassiner un vieillard!... vous n'avez donc jamais vu de famille?... dit-il alors en lui montrant par un geste paternel sa femme et ses enfans.

— Oui, un vieillard! répéta l'inconnu dont le front se contracta légèrement.

— L'avoir coupé en morceaux!

— Je l'ai coupé en morceaux!... reprit l'assassin avec un calme effrayant.

— Fuyez! s'écria le général, sans oser voir son hôte. Notre pacte est rompu. Je ne vous tuerai pas! Non! je ne me ferai jamais le pourvoyeur de l'échafaud. Mais sortez, vous nous faites horreur!...

— Je le sais, répondit le criminel avec résignation. Il n'y a pas de terre en France où je puisse poser mes pieds avec sécurité... Adieu, monsieur. Malgré l'amertume que vous avez jetée dans votre hospitalité, j'en garderai le souvenir. J'aurai encore dans l'âme un sentiment de reconnaissance pour un homme dans le monde, ce sera vous... Mais je vous aurais voulu plus généreux.

Il alla vers la porte.

En ce moment la jeune fille se pencha vers sa mère, et lui dit un mot à l'oreille :

— Ah!...

Ce cri échappé à madame de Verdun fit tressaillir le général, comme s'il eût vu Moïna morte. Hélène était debout, et le meurtrier s'était instinctivement retourné, montrant sur sa figure une sorte d'inquiétude pour cette famille.

— Qu'avez-vous, ma chère? demanda M. de Verdun.

— Hélène veut le suivre!... dit-elle.

Le meurtrier rougit.

— Puisque ma mère traduit si mal une exclamation presque involontaire, répondit Hélène à voix basse, je réaliserai ses vœux!...

Et après avoir jeté un regard de fierté presque sauvage autour d'elle, la jeune fille, baissant les yeux, resta dans une admirable attitude de modestie.

— Hélène, dit le général, vous avez été là-haut dans la chambre où j'avais mis...

— Oui, mon père...

— Hélène, demanda-t-il d'une voix altérée par un tremblement convulsif, est-ce la première fois que vous ayez vu cet homme?...

— Oui, mon père.

— Alors il n'est pas naturel que vous ayez le dessein de...

— Si cela n'est pas naturel, au moins cela est vrai, mon père...

— Ah! ma lle, dit madame de Verdun à voix basse, mais de manière à ce que son mari l'entendît, Hélene!... vous mentez à tous les principes d'honneur, de modestie, de vertu, que j'ai tâché de développer dans votre cœur... Si vous n'avez été que mensonge jusqu'à cette heure fatale, alors... vous n'êtes point regrettable... Est-ce la perfection morale de cet inconnu qui vous tente?... Serait-ce l'espèce de puissance nécessaire aux gens qui commettent un crime?... Je vous estime trop pour supposer...

— Oh! supposez tout, madame... répondit Hélène d'un ton froid.

Mais, malgré la force de caractère dont elle faisait preuve en ce moment, le feu de ses yeux absorba difficilement les larmes qui roulaient dans ses yeux bleus.

L'étranger, devinant le langage de la mère par les pleurs qui obscurcissaient les yeux de la jeune fille, lança sur madame de Verdun son coup-d'œil d'aigle; et alors elle fut obligée, par un irrésistible pouvoir, de regarder le terrible séducteur. Quand les yeux de cette faible femme rencontrèrent les yeux clairs et luisans de cet homme, elle éprouva dans l'âme un frisson semblable à la commotion physique dont nous sommes saisis à l'aspect d'un reptile, ou lorsque nous touchons à une bouteille de Leyde.

— Mon ami!... cria-t-elle à son mari, c'est le démon!... Il devine tout...

Le général se leva pour saisir un cordon de sonnette.

— Il vous perd!... dit Hélène au meurtrier.

L'inconnu sourit. Puis il fit un pas, arrêta le bras de M. de Verdun ; et, le forçant à supporter un regard qui versait la stupeur à torrens, il le dépouilla de toute espèce d'énergie.

— Je vais vous payer votre hospitalité, dit-il. Nous serons quittes... Je vous épargnerai un déshonneur en me livrant moi-même... car, après tout, que ferais-je de la vie?...

— Vous pouvez vous repentir! répondit Hélène en lui adressant une de ces espérances qui ne brillent que dans les yeux d'une vierge.

— Je ne me repentirai jamais... dit le meurtrier d'une voix sonore et en levant fièrement la tête.

— Ses mains sont teintes de sang!... dit le père à sa fille.

— Je les essuierai... répondit-elle.

— Mais, reprit le général, sans se hasarder à lui montrer l'inconnu, savez-vous s'il veut de vous, seulement?...

Alors le meurtrier s'avança vers Hélène, dont la beauté, toute chaste et recueillie qu'elle semblait être, étincelait éclairée par une lumière intérieure dont les reflets coloraient et mettaient en relief, pour ainsi dire, les moindres traits et les lignes les plus délicates. Et après avoir jeté sur cette ravissante créature un doux regard, dont elle ne pouvait pas soutenir la flamme scintillante, il dit, agité d'une vive émotion :

— C'est vous aimer pour vous-même, et m'acquitter des deux heures d'existence que m'a vendues votre père, que de me refuser à votre dévouement.

— Et vous aussi, vous me repoussez !... s'écria Hélène avec un accent qui déchira les cœurs.

— Qu'est ce que cela signifie ?... lui dirent ensemble son père et sa mère...

Elle resta silencieuse et baissa les yeux, après avoir interrogé madame de Verdun par un coup-d'œil éloquent.

Depuis le moment où M. et madame de Verdun avaient essayé de combattre, par la parole ou par l'action, l'étrange privilége que l'inconnu s'arrogeait en restant au milieu d'eux, et que ce dernier leur avait lancé l'étourdissante lu-

mière qui jaillissait de ses yeux, les deux époux
étaient soumis à une torpeur inexplicable. Ils
se débattaient, aidés par leur raison engourdie,
contre une puissance surnaturelle. Pour eux,
l'air était devenu lourd et pesant. Ils respiraient
difficilement et sans pouvoir accuser celui qui
les opprimait ainsi, quoiqu'une voix intérieure
ne leur laissât pas ignorer que cet homme magi-
que était le principe de leur défaillance. Gustave
lui-même restait immobile et stupéfait.

Au milieu de cette agonie morale, le général devinant que ses efforts devaient avoir pour
objet d'influencer la raison chancelante de sa
fille, saisit Hélène par la taille ; et, la trans-
portant dans l'embrasure d'une croisée, bien
loin du meurtrier :

— Mon enfant chéri, lui dit-il à voix basse,
si un amour aussi étrange était né tout-à-coup
dans ton cœur, ta vie pleine d'innocence et
ton âme pure et pieuse m'ont donné trop de
preuves d'une raison supérieure, d'une force
de caractère que tu tiens peut-être de moi, pour
ne pas te supposer l'énergie nécessaire à domp-
ter un mouvement de folie... Mais ta conduite

cache un mystère... Eh bien, mon cœur est un cœur plein d'indulgence; tu peux tout lui confier. Quand même tu le déchirerais, je saurais, mon enfant, taire mes souffrances et garder un silence fidèle à ta confession... Voyons! es-tu jalouse de notre affection pour tes frères ou tes sœurs?... As-tu dans l'âme un chagrin d'amour?... Es-tu malheureuse ici?... Parle! Confie-moi les raisons qui te poussent à laisser ta famille, à l'abandonner, à la priver de son plus grand charme, à quitter ta mère, tes frères, ta petite sœur.

— Mon père, répondit-elle, ne dois-je pas, tôt ou tard, aller vivre sous la protection d'un homme?

— Cela est vrai.

— Savons-nous jamais, reprit-elle, à quel être nous lions nos destinées? Et — je crois en cet homme.

— Enfant!... dit le général en élevant la voix, tu ne songes pas à toutes les souffrances qui vont t'assaillir!...

— Je pense aux siennes...

— Quelle vie !... dit le père.

— Une vie de femme !... répondit la fille en murmurant.

— Vous êtes bien savante !... s'écria madame de Verdun, qui retrouva la parole.

— Madame, ce sont les demandes qui me dictent les réponses.

— Oh! ma fille, vous justifiez tous les soupçons que j'avais conçus et qui causaient ma sévérité... Suivre un homme que tout le monde fuit avec horreur.

— Vous voyez bien, madame, que sans moi... il serait seul...

— Assez, madame !... s'écria le général; nous n'avons plus qu'une fille !...

Et il regarda Moïna, qui dormait toujours...

— Je vous enfermerai dans un couvent, ajouta-t-il en se tournant vers Hélène.

— Soit! mon père, répondit-elle avec un calme désespérant, j'y mourrai. Vous n'êtes comptable de ma vie et de *son* âme qu'à Dieu...

Un profond silence régna. Les spectateurs de cette scène, où tout froissait les sentimens vulgaires de la vie sociale, n'osaient se regarder...

Tout-à-coup M. de Verdun, apercevant ses pistolets, en saisit un ; et, l'armant avec prestesse, il le dirigea sur l'étranger. Mais celui-ci s'étant retourné au bruit qu'avait fait la batterie, arrêta un regard calme et perçant sur le général, dont le bras, détendu par une invincible mollesse, retomba lourdement. Le pistolet coula sur le tapis...

— Ma fille ! dit alors le père abattu par cette lutte effroyable, vous êtes libre... Embrassez votre mère, si elle y consent. — Quant à moi... je ne veux plus ni vous voir ni vous entendre...

— Hélène, dit la mère à la jeune fille, pensez donc que vous serez dans la misère...

Une espèce de râle, parti de la large poitrine du meurtrier, attira les regards sur lui. Une expression dédaigneuse était peinte sur sa figure. Il y avait une immense fortune dans son énergie, et ses yeux lancèrent comme un rayon de soleil.

— L'hospitalité que je vous ai donnée me coûte cher!... s'écria le général en se levant. — Vous n'avez tué, tout à l'heure, qu'un vieillard ; ici vous assassinez toute une famille !... Car, quoi qu'il arrive, il y aura du malheur dans cette maison !...

— Et si votre fille est heureuse !... demanda le meurtrier en regardant fixement le militaire...

—Si elle est heureuse avec vous !... répondit le père en faisant un incroyable effort ; je ne la regretterai pas !...

Hélène, s'agenouillant timidement devant son père, lui dit d'une voix caressante :

— O mon père, je vous aime et vous vénère, soit que vous me prodiguiez les trésors de votre bonté, ou les rigueurs de la disgrâce... Mais, je vous en supplie, que vos dernières paroles ne soient pas des paroles de colère!...

Le général n'osa pas contempler sa fille.

En ce moment l'étranger s'avança, et jetant sur Hélène un sourire où il y avait à la fois quelque chose d'infernal et de céleste :

— Vous qu'un assassin n'épouvante pas... ange de miséricorde... dit-il, venez!... puisque vous persistez à me confier votre destinée.

— Inconcevable!... s'écria le père.

Madame de Verdun lança sur sa fille un regard extraordinaire, et lui ouvrit ses bras. Hélène s'y précipita en pleurant...

— Adieu!... dit-elle, adieu, ma mère!...

Hélène fit hardiment un signe à l'étranger, qui tressaillit. Alors la jeune fille, ayant baisé la main de son père, embrassé précipitamment mais sans plaisir, Moïna, Gustave et le petit Abel, disparut avec le meurtrier.

— Par où vont-ils ?... s'écria le général en écoutant les pas des deux fugitifs.

— Madame, reprit-il en s'adressant à sa femme, je crois rêver;... mais il y a certainement quelque mystère dans cette aventure... Vous devez savoir.

Madame de Verdun frissonna.

— Il y a, répondit-elle, que votre fille était devenue extraordinairement romanesque et singulièrement exaltée. Malgré mes soins à combattre cette tendance de son caractère...

— Cela n'est pas clair...

Mais, s'imaginant entendre, dans le jardin, les pas de sa fille et de son terrible compagnon, le général s'interrompit pour ouvrir précipitamment la croisée.

— Hélène !... cria-t-il.

Cette voix se perdit dans la nuit comme une vaine prophétie...

En prononçant ce nom, auquel rien ne répondait plus dans le monde, M. de Verdun rompit, comme par enchantement, le charme auquel une puissance diabolique l'avait soumis. Alors une sorte d'esprit lui passa sur la face. Il vit clairement la scène qui venait de se passer ; et, maudissant sa faiblesse, qu'il ne comprenait pas, un frisson chaud alla de son cœur à sa tête, à ses pieds. Il redevint lui-même, terrible, affamé de vengeance. Il poussa un effroyable cri.

— Au secours !... au secours !...

Courant aux cordons des sonnettes, il les agita de manière à les briser, après avoir fait retentir des tintemens étranges. Tous ses gens s'éveillèrent en sursaut. Pour lui, criant toujours, il ouvrit les fenêtres de la rue, appela les gendarmes ; puis, ayant trouvé ses pistolets, il les tira pour accélérer la marche des cavaliers, le lever de ses gens et la venue des voisins.

Reconnaissant la voix de leur maître ; les

chiens aboyèrent, les chevaux hennirent et piaffèrent. Ce fut un tumulte affreux au milieu de cette nuit calme.

En descendant par les escaliers pour courir après sa fille, le général vit ses gens épouvantés qui arrivaient de toutes parts.

— Ma fille!... Hélène! — Hélène est enlevée! — Allez dans le jardin! — Gardez la rue!... ouvrez à la gendarmerie!... A l'assassin!...

Aussitôt, il brisa par un effort de rage la chaîne qui retenait le gros chien de garde.

— Trouve Hélène!... cherche Hélène!... lui dit-il.

Et le chien, bondissant comme un lion et aboyant avec fureur, s'élança dans le jardin si rapidement que le général ne put le suivre.

En ce moment le galop des chevaux retentissant dans la rue, M. de Verdun s'empressa d'ouvrir lui-même.

— Brigadier!... s'écria-t-il, allez couper la retraite à l'assassin de M. de Mauny!... Ils s'en vont par mes jardins... Vite, cernez les chemins du côté de la butte de Picardie, je vais faire une battue dans toutes les terres, les parcs, les maisons.

— Vous autres... dit-il à ses gens, veillez sur la rue et tenez la ligne depuis la barrière jusqu'à Versailles... En avant! en avant!... Ma fille!...

Il se saisit d'un fusil que lui présenta son valet de chambre, et il s'élança dans les jardins en criant au chien :

— Cherche, *Marengo*!... *Marengo!* trouve Hélène!...

D'affreux aboiemens lui répondirent dans le lointain; et alors il se dirigea dans la direction d'où les râlemens du chien paraissaient venir.

. . . .

A sept heures du matin, les recherches de

gendarmerie, du général, de ses gens et des voisins avaient été inutiles... Marengo n'était pas revenu.

Harassé de fatigue, et vieilli de dix ans par le chagrin, M. de Verdun rentra dans son salon, désert pour lui, quoique ses trois autres enfans y fussent...

— Vous avez été bien froide pour votre fille !... dit-il en regardant sa femme.

—Voilà donc ce qui nous reste d'elle !... ajouta-t-il en montrant le métier où il voyait une fleur commencée. Elle était là... tout à l'heure... et maintenant, perdue !... perdue !

Il pleura; puis, se cachant la tête dans ses mains, il resta un moment silencieux, n'osant plus contempler ce salon qui naguère lui offrait le tableau le plus suave du bonheur domestique. Les lueurs de l'aurore luttaient avec les lampes expirantes; les bougies brûlaient leurs festons de papier... Tout s'accordait avec le désespoir de ce soldat...

— Il faudra détruire ceci, dit-il après un

moment de silence et en montrant le métier: Je ne pourrais plus rien voir de ce qui nous la rappelle...

LE CAPITAINE PARISIEN.

La terrible nuit de Noël, pendant laquelle M. et madame de Verdun avaient eu le malheur de perdre leur fille aînée sans avoir pu s'opposer à l'étrange domination exercée par son ravisseur involontaire, fut comme un avis que leur donna la fortune. De ce moment, leur vie, heureuse jusqu'alors, s'emplit d'amertume et de chagrins. La faillite d'un agent de change ruina M. de Verdun. Il engagea les biens de sa femme dans une spéculation dont les bénéfices devaient restituer à sa famille l'aisance première dont elle jouissait ; mais cette entreprise acheva de le ruiner. Alors, poussé par son désespoir à tout tenter, M. de Verdun s'expatria. Sept ans s'étaient écoulés depuis son départ. Sa famille, réfugiée à Bergerac, avait rarement reçu de ses nouvelles. . . . . . .

. . . .

Par une belle matinée du mois de juillet, quelques négocians français, impatiens de revenir dans leur patrie avec les richesses qu'ils avaient acquises au prix de longs travaux et de périlleux voyages entrepris, soit au Mexique, soit dans la Colombie, se trouvaient à quelques lieues de Bordeaux, sur un brick espagnol.

Se croyant échappés à tous les dangers de la navigation et conviés au plaisir par la beauté du jour, ils étaient montés sur le pont comme pour saluer leur terre natale. La plupart d'entre eux voulaient absolument voir, dans le lointain, les phares, les édifices de la Gascogne, et même la tour de Cordouan mêlées aux créations fantastiques de quelques nuages blancs qui s'élevaient à l'horizon.

Un homme, vieilli par les fatigues ou par le chagrin plus que ne le comportaient ses années, était appuyé sur le bastingage, et paraissait insensible au spectacle qui s'offrait aux regards de tous les passagers groupés sur le tillac. Sans la frange argentée qui badinait devant le brick, et sans le long sillon rapidement effacé qu'il traçait derrière lui, les voyageurs auraient pu se croire immobiles au milieu de l'Océan Atlantique, tant la mer y était calme. Le ciel avait une pureté ravissante. La teinte foncée de sa voûte arrivait, par d'insensibles dégradations, à se confondre avec la couleur des eaux bleuâtres, en marquant le point de sa réunion par une ligne dont la clarté scintillait aussi vivement que celle des étoiles. Le soleil faisait étinceler des millions de facettes dans l'immense étendue de la mer, en sorte que les vastes plaines de l'eau étaient plus lumineuses peut-être que les campagnes du firmament. Le brick voyait toutes ses voiles gonflées par un vent d'une merveilleuse douceur, et ces nappes aussi blanches que la neige, ces pavillons jaunes flottans, ce dédale de cordages se dessinait avec une précision rigoureuse sur le fond brillant de l'air, du ciel et de l'Océan, sans recevoir d'autres teintes que celles des ombres diaphanes projetées par les toiles vaporeuses.

Un beau jour, un vent frais, la vue de la patrie, une mer tranquille, un bruissement mélancolique, un joli brick solitaire, glissant sur l'Océan comme une femme qui vole à un rendez-vous... C'était un tableau plein d'harmonies, une scène d'où l'âme humaine pouvait embrasser d'immuables espaces, en partant d'un point où tout était mouvement. Il y avait une étonnante opposition de solitude et de vie, de silence et de bruit, sans qu'on pût savoir où étaient le bruit et la vie, le néant et le silence ; aussi pas une voix humaine ne rompait ce charme céleste.

Le capitaine espagnol, ses matelots, les Français, tous restaient assis ou debout, silencieux, plongés dans une extase religieuse pleine de souvenirs... Il y avait de la paresse dans l'air et des pensées dans l'horizon. Toutes les figures épanouies accusaient un oubli complet des maux passés, et ces hommes se balançaient sur ce doux navire comme dans un songe d'or.

Cependant, de temps en temps, le vieux passager, appuyé sur le bastingage, regardait l'horizon avec une sorte d'inquiétude. Il y avait une défiance du sort écrite dans tous ses traits, et il semblait craindre de ne jamais toucher assez vite la terre de France. Cet homme était M. de Verdun. La fortune n'avait pas été sourde aux cris et aux efforts de son désespoir; et, après cinq ans de tentatives, de travaux pénibles, il s'était vu possesseur d'une fortune considérable. Or, dans son impatience de revoir son pays et d'apporter le bonheur à sa famille, il avait suivi l'exemple de quelques négocians français de la Havane en s'embarquant avec eux sur un vaisseau espagnol en charge pour Bordeaux.

Néanmoins son imagination, lassée de prévoir le mal, lui traçait les images les plus délicieuses de son bonheur passé. En voyant de loin la ligne brune décrite par la terre, il croyait contempler sa femme et ses enfans... Il était, à sa place, au foyer; il s'y sentait pressé, baisé... Il se figurait Moïna belle, grandie, imposante comme une jeune fille qui désire un trône... Quand ce tableau fantastique eut pris une sorte de réalité, quand une larme roula dans ses yeux fiers... alors il regarda, comme pour cacher son trouble, vers l'horizon humide, opposé à la ligne brumeuse qui annonçait la terre...

— C'est lui! dit-il, il nous suit!

— Qu'est-ce?... s'écria le capitaine espagnol.

— Un vaisseau! reprit à voix basse le général.

— Je l'ai déjà vu hier!... répondit le capitaine Gomez.

Il contempla le Français comme pour l'interroger.

— Il nous a toujours donné la chasse... dit le capitaine à l'oreille de M. de Verdun.

— Et je ne sais pas pourquoi il ne nous a jamais rejoints... reprit le vieux militaire. Il est meilleur voilier que votre s... *Saint-Ferdinand!*...

— Il aura eu des avaries... une voie d'eau...

— Il nous gagne... s'écria le Français.

— C'est un corsaire... lui dit à l'oreille le capitaine. Nous sommes encore à six lieues de terre, et... le vent faiblit.

— Il ne marche pas, il vole, comme s'il savait que dans deux heures sa proie lui aura échappé... Il est bien hardi !

— Lui !... s'écria le capitaine. Ah ! il ne s'appelle pas *l'Othello* sans raison... Il a dernièrement coulé bas une frégate espagnole, et n'a cependant pas trente canons ! Je n'avais peur que de lui ; car je n'ignorais pas qu'il croisait dans les Antilles...

— Ah ! ah ! reprit-il après une pause, pendant laquelle il regarda la voile du vaisseau ; le vent s'élève... nous arriverons... Il le faut, *le Parisien* serait impitoyable...

— Lui aussi arrive !... répondit M. de Verdun.

Le brick *l'Othello* n'était plus guère qu'à trois lieues...

Quoique l'équipage n'eût pas entendu la conversation de M. de Verdun et du capitaine Gomez, l'apparition de cette voile avait amené la plupart des matelots et des passagers vers l'endroit où étaient les deux interlocuteurs. Mais presque tous, prenant le brick pour un bâtiment de commerce, le voyaient venir avec intérêt, quand tout-à-coup un matelot s'écria dans un langage énergique :

— Par saint Jacques ! nous sommes flambés !... C'est le capitaine *Parisien !*

A ce nom terrible, l'épouvante se répandit dans le brick, et ce fut une confusion dont rien ne saurait donner une idée.

Le capitaine espagnol imprima par sa parole une énergie momentanée à ses matelots ; et, dans ce danger, voulant gagner la terre à quelque prix que ce fût, il essaya de faire mettre promptement toutes ses bonnettes hautes et basses, tribord et bâbord, pour présenter au vent l'entière surface de toile dont ses vergues étaient garnies. Mais ce ne fut pas sans de grandes difficultés que les manœuvres s'accomplirent; et, naturellement, elles manquèrent de cet ensemble admirable qui séduit dans un vaisseau de guerre.

Quoique *l'Othello* volât comme une hirondelle, grâce à l'orientement de ses voiles, il gagnait cependant si peu en apparence que les malheureux Français se firent une douce illusion.

Tout-à-coup, au moment où, après des efforts inouïs, le *Saint-Ferdinand* prenait un nouvel essor à la faveur des habiles manœuvres auxquelles Gomez avait aidé lui-même du geste et de la voix, par un faux coup de barre, volontaire sans doute, le timonier mit le brick en travers. Alors les voiles, frappées de côté par le vent, *fazéièrent* si brusquement qu'il vint à *masquer* en grand; les boute-hors se rompirent, et il fut complètement *démané...*

Une rage inexprimable rendit le capitaine plus blanc que ses voiles. D'un seul bond, il sauta sur le timonier, et l'atteignit si furieusement de son poignard, qu'il le manqua ; mais il le précipita dans la mer ; puis, saisissant la barre, il essaya de remédier au désordre épouvantable qui révolutionnait son brave et courageux navire... Des larmes de désespoir roulaient dans ses yeux car nous éprouvons plus de chagrin d'une trahison qui trompe un résultat dû à notre talent, que d'une mort imminente...

Mais plus le capitaine jura, et moins la besogne se fit. Alors il tira lui-même le canon d'alarme, espérant être entendu de la côte... En ce moment le corsaire, qui arrivait avec une vitesse désespérante, répondit par un coup de canon dont le boulet vint expirer à dix toises du *Saint-Ferdinand*.

— Tonnerre ! s'écria le général, comme c'est pointé !... Ils ont de cruelles caronades !...

— Oh ! celui-là, voyez-vous, quand il parle, il faut se taire... répondit un matelot. Il ne craindrait pas un vaisseau anglais...

— Tout est dit !... s'écria dans un accent de

désespoir le capitaine, qui, ayant braqué sa longue-vue, ne distingua rien du côté de la terre... Nous sommes encore plus loin de la France que je ne le croyais!...

— Pourquoi vous désoler? reprit le général. Tous vos passagers sont Français, ils ont frété votre bâtiment. Ce corsaire est un Parisien, dites-vous?... hé bien! hissez pavillon blanc, et...

— Il nous coulera... répondit le capitaine. N'est-il pas, suivant les circonstances, tout ce qu'il faut être quand il veut s'emparer d'une riche proie : Algérien, Grec, Mexicain, Colombien...

— Ah!... si c'est un pirate!...

— Pirate?... dit le matelot d'un air farouche. Ah! il est toujours en règle, ou sait s'y mettre...

— Alors, s'écria le général en levant les yeux au ciel, de la résignation!... Et il eut encore assez de force pour retenir ses larmes...

Comme il achevait ces mots, un second coup de canon, mieux adressé, envoya dans la coque du *Saint-Ferdinand* un boulet qui s'y logea.

— Mettez en panne ! dit le capitaine d'un air triste.

Et le matelot qui avait défendu l'honnêteté du *Parisien* aida fort intelligemment à cette manœuvre désespérée.

L'équipage attendit pendant une mortelle demi-heure, en proie à la consternation la plus profonde. Le *Saint-Ferdinand* portait en piastres quatre millions, qui composaient la fortune de cinq passagers. La part de M. de Verdun était de huit cent mille francs. Enfin *l'Othello*, qui se trouvait alors à dix portées de fusil, montra distinctement les gueules menaçantes de douze canons prêts à faire feu. Il semblait emporté par un vent que soufflait le diable exprès pour lui ; mais l'œil d'un marin habile devinait facilement le secret de cette vitesse : il suffisait de contempler pendant un moment l'élancement du brick, sa forme alongée, son étroitesse, la hauteur de sa mâture, la coupe de sa toile, l'admirable légèreté de son gréement, et l'aisance avec laquelle un monde de matelots, unis comme un seul homme, ménageaient le parfait orientement de la surface blanche présentée par ses voiles. Tout annonçait une incroyable sécurité de puissance dans cette svelte créature de bois, aussi rapide, aussi intelligente qu'un coursier ou qu'un oiseau... L'équipage du corsaire était silencieux et prêt, en cas de résistance, à dévorer le pauvre bâtiment marchand, qui heureusement pour lui se tint coi, semblable à un écolier pris en faute par son maître.

— Nous avons six canons! s'écria le général en serrant la main du capitaine espagnol.

Ce dernier lança au vieux militaire un regard plein de courage et de désespoir, en lui disant :

— Et des hommes!...

M. de Verdun regarda l'équipage du *Saint-Ferdinand*, et frissonna. Les quatre négocians étaient pâles, tremblans ; tandis que les matelots, groupés autour d'un des leurs, semblaient se concerter pour prendre parti sur *l'Othello*. Ils regardaient le corsaire avec une curiosité cupide. Le contre-maître, le capitaine et M. de Verdun échangeaient seuls, en s'examinant de l'œil, des pensées généreuses...

— Ah! capitaine Gomez, j'ai dit naguère adieu à mon pays et à ma famille, le cœur mort d'amertume... Et il faut encore le quitter au moment où j'apportais la joie et le bonheur à mes enfans...

Le général se tourna pour jeter à la mer une larme de rage; et il y aperçut le timonier nageant vers le corsaire.

— Cette fois, répondit le capitaine, vous lui direz sans doute adieu pour toujours!...

Le Français épouvanta l'Espagnol par le coup-d'œil stupide qu'il lui adressa.

En ce moment, les deux vaisseaux étaient presque bord à bord; et à l'aspect de l'équipage ennemi, M. de Verdun crut à la fatale prophétie de Gomez. Trois hommes se tenaient autour de chaque pièce; et, à voir leur posture athlétique, leurs traits anguleux, leurs bras nus et nerveux, on les eût pris pour des statues de bronze. La mort les aurait tués sans les renverser. Les matelots, bien armés, actifs, lestes et vigoureux, restaient immobiles. Toutes ces figures énergiques étaient fortement basanées par le soleil, durcies par les travaux, et leurs yeux, brillant comme autant de pointes de feu, annonçaient des intelligences énergiques, des joies infernales. Le profond silence régnant sur ce tillac, noir d'hommes et de chapeaux, accusait la sombre, l'implacable discipline sous laquelle une puissante volonté courbait ces démons humains. Le chef était au pied du grand mât, debout, les bras croisés, sans armes; mais une hache se trouvait à ses pieds. Il avait sur la tête, pour se garantir du soleil, un chapeau de feutre à grands bords, dont l'ombre lui cachait le visage. Semblables à des chiens couchés devant leur maître, canonniers, soldats et matelots tournaient alternativement les yeux sur leur capitaine et sur le navire marchand. Quand les deux bricks se touchèrent, la secousse tira le corsaire de sa rêverie ; et alors il dit deux mots à l'oreille d'un jeune officier qui se tenait à deux pas de lui.

— Les grappins d'abordage!... cria le lieutenant.

Et *le Saint-Ferdinand* fut accroché par *l'Othello* avec une promptitude miraculeuse.

Suivant les ordres donnés à voix basse par le corsaire, et répétés par le lieutenant, les hommes désignés pour chaque service allèrent, comme des séminaristes marchant à la messe, sur le tillac de la prise, lier les mains aux matelots, aux passagers, et s'emparer des trésors. En un moment, les tonnes pleines de piastres, les vivres et l'équipage du *Saint-Ferdinand* furent transportés sur le pont de *l'Othello*. Le général se croyait sous la puissance d'un songe, quand il se trouva les mains liées et jeté sur un ballot comme s'il eût été lui-même une marchandise. Une conférence avait lieu entre le corsaire, son lieutenant et l'un des matelots qui paraissait remplir les fonctions de contre-maître. La discussion dura peu. Quand elle fut terminée, le matelot siffla ses hommes. Sur un ordre qu'il leur donna, ils sautèrent tous sur *le Saint-Ferdinand*, grimpèrent dans les cordages, et se mirent à le dépouiller de ses vergues, de ses voiles, de ses agrès, avec autant de prestesse qu'un soldat déshabille, sur le champ de bataille, un camarade mort dont il convoitait les souliers et la capote.

— Nous sommes perdus!... dit froidement à M. de Verdun le capitaine espagnol, qui avait épié de l'œil les gestes des trois chefs pendant la délibération, et les mouvemens des matelots qui procédaient au pillage régulier de son brick.

— Comment?... demanda froidement le général.

— Que voulez-vous qu'ils fassent de nous? répondit l'Espagnol. Ils viennent sans doute de reconnaître qu'ils vendraient difficilement *le Saint-Ferdinand* dans les ports de France ou d'Espagne, et alors ils vont le couler pour ne pas s'en embarrasser. Quant à nous!... croyez-vous qu'ils puissent se charger de votre nouriture lorsqu'ils ne savent dans quel port relâcher?...

A peine le capitaine avait-il achevé ces paroles que le général entendit une horrible clameur, suivie du bruit sourd causé par la chute de plusieurs corps tombant à la mer. Il se retourna, et ne vit plus que les quatre négocians. Huit canonniers à figures farouches avaient encore les bras lancés en l'air au moment où le militaire les regardait avec terreur.

— Quand je vous le disais!... lui dit froidement le capitaine espagnol.

M. de Verdun se leva brusquement. La mer ayant repris sa tranquillité, il ne put même pas voir la place où ses malheureux compagnons avaient disparu. Ils roulaient en ce moment, pieds et poings liés, sous les vagues, pâture des poissons... A quelques pas de lui, le perfide timonier et le matelot du *Saint-Ferdinand* qui vantaient naguère la puissance du capitaine Parisien fraternisaient avec les corsaires, et leur indiquaient du doigt ceux des marins du brick qu'ils avaient reconnus dignes d'être incorporés à l'équipage de *l'Othello;* quant aux autres, deux mousses leur attachaient les pieds, malgré d'affreux juremens... Le choix terminé, les huits canonniers s'emparèrent des condamnés et les lancèrent sans cérémonie à la mer. Les corsaires regardaient avec une curiosité malicieuse les différentes manières dont ces hommes tombaient dans la mer, leurs grimaces, leur dernière torture ; mais il n'y avait sur leurs visages ni moquerie, ni étonnement, ni pitié. C'était, pour eux, un évènement tout simple, auquel ils semblaient accoutumés ; et même les plus âgés contemplaient de préférence, avec un sourire sombre et arrêté, les tonneaux pleins de piastres déposés au pied du grand mât.

Le général Verdun et le capitaine Gomez, assis sur un ballot, se consultaient en silence par un regard presque terne. Ils se trouvèrent bientôt les seuls qui survécussent à l'équipage du *Saint-Ferdinand;* car les sept matelots choisis par les deux espions parmi les marins espagnols s'étaient joyeusement métamorphosés en Péruviens.

—Quels atroces coquins !... s'écria tout-à-coup le général, chez lequel une loyale et généreuse indignation fit taire et la douleur et la prudence.

— Ils obéissent à la nécessité!... répondit froidement Gomez. Si vous retrouviez un de ces hommes-là, ne lui passeriez-vous pas votre épée au travers du corps?...

— Capitaine! dit le lieutenant en se retournant vers l'Espagnol, le Parisien a entendu parler de vous. Vous êtes, dit-il, le seul homme qui connaissiez bien les débouquemens des Antilles et les côtes du Brésil... Voulez-vous...?

Le capitaine interrompit le jeune lieutenant par une exclamation de mépris, et répondit:

— Je mourrai en marin!... en Espagnol fidèle!... en chrétien!... Entends-tu?...

— A la mer!... cria le jeune homme.

A cet ordre deux canonniers se saisirent de Gomez.

— Vous êtes des lâches!... s'écria le général en arrêtant les deux corsaires.

— Mon vieux! lui dit le lieutenant, ne vous emportez pas trop, car vous ne savez pas que si votre ruban rouge fait quelque impression sur notre capitaine, moi je m'en moque... Nous allons avoir aussi tout à l'heure notre petit bout de conversation.

En ce moment, un bruit lourd, auquel nulle plainte ne se mêla, fit comprendre au général que le brave Gomez était mort en marin.

— Ma fortune ou la mort!... cria-t-il dans un effroyable accès de rage.

— Ah! vous êtes raisonnable!... lui répondit le corsaire en ricanant. Maintenant vous êtes sûr d'obtenir quelque chose de nous...

Puis, sur un signe du lieutenant, deux matelots s'empressèrent de lier les pieds du Français; mais ce dernier, les frappant avec une rudesse inouïe, tira, par un geste auquel on ne s'attendait guère, le sabre que le lieutenant avait au côté, et il en joua lestement comme un vieux général de cavalerie qui savait son métier.

— Ah!... brigands!... vous ne jetterez pas à l'eau comme une huître un ancien troupier de Napoléon!...

Des coups de pistolet, tirés presque à bout portant sur le soldat récalcitrant, attirèrent l'attention du Parisien, alors occupé à surveiller le transport des agrès qu'il ordonnait de prendre au *Saint-Ferdinand*. Sans s'émouvoir, il vint saisir par-derrière le courageux général; et, l'enlevant avec une étrange facilité, il l'entraîna vers le bord, en s'apprêtant à le jeter à l'eau comme un espars de rebut.

En ce moment M. de Verdun regardant son agresseur, rencontra l'œil fauve du ravisseur de sa fille...

Ils se reconnurent.

Le capitaine, imprimant à son élan un mouvement contraire à celui qu'il lui avait donné, comme si M. de Verdun ne pesait guère, loin de le précipiter à la mer, le plaça debout près du grand mât. Un murmure s'éleva sur le tillac; mais alors le corsaire lança un seul coup d'œil sur ses gens, et le plus profond silence régna soudain.

— C'est le père d'Hélène!... dit le capitaine d'une voix claire et ferme. Ainsi, malheur à qui ne le respecterait pas!...

Un *houra* d'acclamations joyeuses retentit sur le tillac, et monta vers le ciel comme une prière d'église, comme le premier cri du *Te Deum*. Les mousses se balancèrent dans les cordages, les matelots jetèrent leurs bonnets en l'air, les canonniers trépignèrent des pieds, chacun s'agita, hurla, siffla, jura. L'expression fanatique de cette allégresse rendit le général inquiet et sombre. Attribuant ce sentiment à quelque horrible mystère, son premier cri, quand il recouvra la parole, fut :

— Ma fille!... où est-elle?...

Le corsaire jeta sur le général un de ces regards profonds qui, sans qu'on en pût deviner la raison, bouleversaient toujours les âmes les plus intrépides; puis, l'ayant rendu muet, à la grande satisfaction des matelots, heureux de voir la puissance de leur chef s'exercer sur tous les êtres, il le conduisit vers un escalier, le lui fit descendre; et, l'amenant devant la porte d'une cabine, il la poussa vivement, en disant avec un riche accent de bonheur :

— La voilà !...

Il disparut, laissant le vieux militaire plongé dans une sorte de stupeur à l'aspect du tableau qui s'offrit à ses yeux.

En entendant ouvrir la porte de la chambre avec brusquerie, Hélène s'était levée du divan sur lequel elle reposait; mais, voyant M. de Verdun, elle avait jeté un cri de surprise.

Elle était si changée qu'il fallait les yeux d'un père pour la reconnaître. Le soleil des tropiques avait embelli sa blanche figure d'une teinte brune, d'un coloris merveilleux qui lui donnaient une expression de poésie : il y respirait un air de grandeur, une fermeté majestueuse, un sentiment profond par lequel l'âme la plus grossière devait être impressionnée. Sa longue et abondante chevelure, retombant en grosses boucles sur son cou plein de noblesse, ajoutait encore une mystérieuse puissance à la fierté de ce visage. Dans sa pose, dans son geste, Hélène laissait éclater la conscience qu'elle avait de son pouvoir. Une satisfaction triomphale enflait légèrement ses narines roses, et son bonheur tranquille était signé dans tous les développemens de sa beauté. Il y avait tout à la fois en elle je ne sais quelle suavité de vierge et cette sorte d'orgueil particulier aux bien-aimées. Esclave et souveraine, elle préférait obéir tout en régnant.

Elle était vêtue avec une magnificence pleine de charme et d'élégance. La mousseline des Indes faisait tous les frais de sa toilette ; mais son divan et les coussins étaient en cachemire ; mais un tapis de Perse garnissait le plancher de la vaste cabine ; mais ses quatre enfans jouaient à ses pieds, en construisant leurs châteaux bizarres avec des colliers de perles, des bijoux précieux, des objets de prix. Quelques vases en porcelaine de Sèvres, peints par madame Jaquotot, contenaient des fleurs rares qui embaumaient : c'étaient des jasmins du Mexique, des camélias..... De petits oiseaux d'Amérique voltigeaient apprivoisés, et semblaient être des rubis, des zaphirs, de l'or animé.... Un piano était fixé dans ce salon; et, sur ses murs de bois tapissés en soie jaune, il y avait çà et là des tableaux d'une petite dimension, mais dus aux meilleurs peintres : un *coucher de soleil*, par Gudin, se trouvait auprès d'un Terburg; une *vierge* de Raphaël luttait de poésie avec une esquisse de Girodet ; un Gérard Dow éclipsait un Drolling. Sur une table en laque de Chine, il y avait une assiette d'or sculptée pleine de fruits délicieux. Enfin Hélène semblait être la reine d'un grand empire au milieu du boudoir dans lequel son amant couronné aurait rassemblé les choses les plus élégantes de la terre. Les enfans arrêtaient sur leur aïeul des yeux d'une pénétrante vivacité ; et habitués qu'ils étaient de vivre au milieu des combats, des tempêtes et du tumulte, ils ressemblaient à ces petits Romains curieux de guerre et de sang, que David a peints dans son tableau de *Brutus*.

—Comment cela est-il possible ?... s'écria Hélène en saisissant son père comme pour s'assurer de la réalité de cette vision.

— Hélène !...

— Mon père!...

Ils tombèrent dans les bras l'un de l'autre ; et l'étreinte du vieillard ne fut ni la plus forte ni la plus affectueuse.

— Vous étiez sur ce vaisseau ?

— Oui... répondit-il d'un air triste en s'asseyant sur le divan et regardant les enfans qui, groupés autour de lui, le considéraient avec une attention naïve. J'allais périr sans...

— Sans mon mari... dit-elle en l'interrompant, je devine.

— Ah! s'écria le général, pourquoi faut-il que je te retrouve ainsi, mon Hélène?... toi que j'ai tant pleurée ! Je devrai donc gémir encore sur ta destinée !...

— Pourquoi ?... demanda-t-elle en souriant. Au contraire, vous serez bien content en apprenant que je suis la femme la plus heureuse qu'il y ait sur terre...

— Heureuse ! s'écria-t-il en faisant un bond de surprise.

— Oui, mon bon père, reprit-elle en s'emparant de ses mains, les embrassant, les serrant sur son sein palpitant, et ajoutant à cette cajolerie un air de tête que ses yeux pétillans de plaisir rendirent encore plus significatif.

— Et comment cela?... demanda-t-il, curieux de connaître la vie de sa fille, et oubliant tout devant cette physionomie resplendissante.

— Écoutez! mon père, répondit-elle. J'ai pour amant, pour époux, pour serviteur, pour maître, un homme dont l'âme est aussi vaste que cette mer sans bornes, aussi féconde en douceur que le ciel...un dieu enfin ! Depuis sept ans jamais il ne lui est échappé une parole, un sentiment, un geste, qui pussent produire une dissonance avec la divine harmonie de ses discours, de ses caresses et de son amour. Il m'a toujours regardée en ayant sur les lèvres un sourire ami, et dans les yeux un rayon de joie. Là haut, sa voix est tonnante, elle domine souvent les hurlemens de la tempête ou le tumulte des combats... ici, elle est douce et mélodieuse comme la musique de Rossini, dont les œuvres m'arrivent... Tout ce que le caprice d'une femme peut inventer... je l'obtiens... Mes désirs sont parfois surpassés... Je règne sur la mer... j'y suis obéie comme une souveraine...

— Oh! heureuse, reprit-elle en s'interrompant elle-même, heureuse!... Ah! ce n'est pas un mot digne de mon bonheur. J'ai la part de toutes les femmes! Sentir un amour, un dévouement immenses pour celui qu'on aime, et rencontrer dans son cœur, *à lui*, un sentiment infini où l'âme d'une femme se perd; et... toujours... Dites, est-ce un bonheur?... J'ai déjà dévoré mille existences... Je n'ai même pas de rivale à craindre ici... Ici, je suis seule; ici, je commande... Jamais une créature de mon sexe n'a mis le pied sur ce noble vaisseau; et *Victor* est toujours à quelques pas de moi!...

— Il ne peut pas aller plus loin de moi que de la poupe à la proue, reprit-elle avec une fine expression de malice. Sept ans!... un amour qui résiste pendant sept ans à cette perpétuelle joie, à cette épreuve de tous les instans!... Est-ce l'amour?... Non, oh! non; c'est mieux que tout ce que je connais de la vie... Il n'y a pas de langage humain pour un bonheur céleste!...

Un torrent de larmes s'échappa de ses yeux enflammés. Alors ses quatre enfans, jetant un cri plaintif, accoururent à elle comme des poussins à leur mère; et l'aîné frappa le général en le regardant d'un air menaçant.

— Abel, dit-elle, mon ange... je pleure de joie...

Et elle le prit sur ses genoux, et l'enfant la caressa familièrement, jetant ses bras autour du cou majestueux d'Hélène, comme un lionceau qui veut jouer avec sa mère...

— Tu ne t'ennuies pas?... s'écria le général étourdi par la réponse exaltée de sa fille.

— Si, répondit-elle. A terre, quand nous y allons; et encore... je ne quitte jamais mon mari.

— Mais tu aimais les fêtes, les bals, la musique !...

— La musique, c'est sa voix; mes fêtes, ce sont les parures que je mets pour lui... Quand une toilette lui plaît, c'est comme si la terre entière m'admirait... Voilà seulement pourquoi je ne jette pas à la mer ces diamans, ces colliers, ces diadèmes de pierreries, ces richesses, ces fleurs, ces chefs-d'œuvre des arts qu'il me prodigue en me disant :

— Hélène, puisque tu ne vas pas dans le monde, je veux que le monde vienne à toi...

— Mais sur ce bord il y a des hommes, des hommes audacieux, terribles, dont les passions...

Elle sourit.

— Je vous comprends, mon père. Rassurez-vous. Jamais impératrice n'a été environnée de plus d'égards que l'on ne m'en prodigue. Ces gens-là sont superstitieux, et ils croient que je suis le génie tutélaire de ce vaisseau, de leurs entreprises, de leurs succès... Mais c'est *lui* qui est leur dieu!... Un jour, une seule fois, un matelot me manqua de respect... en paroles, ajouta-t-elle en souriant. Avant que Victor ait pu l'apprendre, les gens de l'équipage le lancèrent à la mer malgré le pardon que je lui accordais. Ils m'aiment comme leur bon ange ; car je les soigne dans leurs maladies, et j'ai eu le bonheur d'en sauver quelques uns de la mort en les veillant avec une persévérance de femme... ces pauvres gens!... Ce sont des géans et des enfans.

— Et quand il y a des combats ?...

— J'y suis accoutumée... répondit-elle. Je n'ai tremblé que pendant le premier... Maintenant, mon âme est faite à ce péril, et même je suis votre fille... dit-elle en souriant. — Je l'aime...

— Et s'il périssait ?...

— Je périrais.

— Et tes enfans ?...

— Ils sont fils de l'Océan et du danger : ils partagent la vie de leurs parens... Notre existence est une, et ne se scinde pas : nous vivons tous de la même vie... nous sommes tous inscrits sur la même page, portés par le même esquif ! — Nous le savons...

— Tu l'aimes donc à ce point de le préférer à tout ?

— A tout, répéta-t-elle. Mais ne sondons point ce mystère... Tenez !... Ce cher enfant... eh bien ! — C'est encore *lui* !...

Et pressant Abel avec une vigueur extraordinaire, elle lui imprima de dévorans baisers sur les joues, sur le cou, sur les cheveux...

— Mais, s'écria le général, je ne saurais oublier qu'il vient de faire jeter à la mer douze personnes !...

— Il le fallait sans doute, répondit-elle, car il est humain et généreux. Il verse le moins de sang possible, pour la conservation et les intérêts du petit monde qu'il protège et de la cause sacrée qu'il défend... Parlez-lui de ce qui vous paraît mal... et vous verrez qu'il saura vous faire changer d'avis !...

— Et son crime!... dit le général, comme s'il se parlait à lui-même.

— Mais, répliqua-t-elle avec une dignité froide, si c'était une vertu !... si les hommes n'avaient pas pu le venger ?...

— Se venger soi-même!... s'écria le général.

— Et qu'est-ce que l'enfer?... demanda-t-elle, si ce n'est une vengeance éternelle pour quelques fautes d'un jour !...

— Ah! tu es perdue!... Il t'a ensorcelée... pervertie... tu déraisonnes.

— Restez ici un jour, mon père, et si vous voulez l'écouter, le regarder, vous l'aimerez!...

— Hélène, dit gravement le général, nous sommes à quelques lieues de la France...

Elle tressaillit ; et, regardant par la croisée de la chambre, elle n'aperçut que la mer déroulant ses immenses savanes d'eau verte.

— Voilà mon pays !... répondit-elle en montrant les vagues mouvantes, et frappant sur le tapis du bout du pied.

— Mais ne viendras-tu pas voir ta mère, ta sœur, tes frères?...

— Oh! oui, dit-elle avec des larmes dans la voix, s'il le veut et s'il m'accompagne...

— Tu n'as donc plus rien? Hélène!... reprit sévèrement le militaire, ni pays, ni famille?...

— Je suis sa femme, répliqua-t-elle avec un air de fierté, avec un accent plein de noblesse.

— Voici, depuis sept ans, le premier bonheur qui ne me vienne pas de lui, ajouta-t-elle en saisissant la main de son père et l'embrassant; et voici le premier reproche que j'aie entendu!...

— Et ta conscience?

— Ma conscience?... Mais c'est lui!...

En ce moment elle tressaillit violemment.

— Le voici... dit-elle. Même dans un combat, entre tous les pas, je reconnais son pas sur le tillac.

Et tout-à-coup une rougeur empourpra ses joues, fit resplendir ses traits, briller ses yeux, et son teint devint d'un blanc mat... Il y avait du bonheur et de l'amour dans ses muscles, dans ses veines bleues, dans le tressaillement involontaire de toute sa personne; et ce mouvement de sensitive émut le général.

En effet, un instant après, le corsaire entra.

Il alla s'asseoir sur un fauteuil; et, s'emparant de son fils aîné, il se mit à jouer avec lui.

Le silence régna pendant un moment; car, pendant un moment, le général, plongé dans une rêverie comparable au sentiment vaporeux d'un rêve, contempla cette élégante cabine, semblable à un nid d'alcyons, où cette famille voguait sur l'Océan depuis sept années, entre les cieux et l'onde, sur la foi d'un homme, conduite à travers les périls de la guerre et des tempêtes, comme un ménage est guidé dans la vie par un chef au sein des malheurs sociaux... Il regardait avec admiration sa fille, image fantastique d'une déesse marine, suave de beauté, riche de bonheur, et faisant pâlir tous les trésors dont elle était entourée, devant les trésors de son âme, les éclairs de ses yeux, et l'indescriptible poésie exprimée dans sa personne et autour d'elle.

Il y avait dans cette situation une étrangeté qui le surprenait, une sublimité de passion et de raisonnement dont il était confondu. Les froides et étroites combinaisons de la société mouraient devant ce tableau. Le vieux militaire sentit toutes ces choses, et comprit aussi que sa fille n'abandonnerait jamais une vie si large, si féconde en constrastes, remplie par un amour aussi vrai; et que, si elle avait une fois goûté le péril sans en être effrayée, elle ne pouvait plus revenir aux petites scènes d'un monde mesquin et borné.

— Vous gênais-je?... demanda le corsaire en rompant le silence et regardant sa femme.

— Non, lui répondit le général. Hélène m'a tout dit. Je vois qu'elle est perdue pour nous...

— Non, répliqua vivement le corsaire... Encore dix ans, et la prescription me permettra de revenir en France... Quand la conscience est pure, et qu'en froissant vos lois sociales un homme a obéi...

Il se tut, dédaignant toute justification.

— Et comment pouvez-vous, dit le général en l'interrompant, ne pas avoir des remords pour les nouveaux assassinats qui se sont commis devant mes yeux?...

— Nous n'avons pas de vivres!... répliqua tranquillement le corsaire.

— Mais en débarquant ces hommes sur la côte...

— Ils nous feraient couper la retraite par quelque vaisseau, et nous n'arriverions pas au Chily sans...

— Avant que, de France, dit le général en interrompant, ils aient prévenu l'amirauté d'Espagne...

— Mais la France peut trouver mauvais

qu'un homme, encore sujet de ses cours d'assises, se soit emparé d'un brick frété par des Bordelais... D'ailleurs, n'avez-vous pas quelquefois tiré, sur le champ de bataille, plusieurs coups de canon de trop?...

Le général, intimidé par le regard du corsaire, se tut; et, alors, sa fille le regarda d'un air qui exprimait autant de triomphe que de mélancolie...

— Général!... dit le corsaire d'une voix profonde, je me suis fait une loi de ne jamais rien distraire du butin. — Mais il est hors de doute que ma part sera plus considérable que votre fortune... Permettez-moi de vous la restituer en autre monnaie...

Il prit dans le tiroir du piano une masse de billets de banque; et, comptant les paquets, il présenta un million à M. de Verdun.

— Vous comprenez, reprit-il, que je ne puis pas m'amuser à regarder les passans sur la route de Bordeaux... Or, à moins que vous ne soyez séduit par les dangers de notre vie bohémienne, par les scènes de l'Amérique méridionale, par nos nuits des Tropiques, par nos batailles, et par le plaisir de faire triompher le pavillon d'une jeune nation, ou le nom de Simon Bolivar... il faut nous quitter... Une chaloupe et des hommes dévoués vous attendent. Espérons une troisième rencontre plus complètement heureuse...

— Victor... je voudrais voir mon père encore un moment... dit Hélène d'un ton boudeur.

— Dix minutes de plus ou de moins peuvent nous mettre face à face avec une frégate... Soit! Nous nous amuserons un peu. — Nos gens s'ennuient...

— Oh! partez!... mon père!... s'écria la femme du marin... Et portez à ma sœur, à mes frères, à... ma mère, ajouta-t-elle, ces gages de mon souvenir.

Elle prit une poignée de pierres précieuses, de colliers, de bijoux; et, les enveloppant dans de magnifiques cachemires, elle les présenta timidement à son père...

— Et que leur dirai-je de ta part ? demanda-t-il en paraissant frappé de l'hésitation que sa fille avait marquée avant de prononcer le mot de *mère.*

— Oh! pouvez-vous douter de mon âme ?... je fais tous les jours des vœux pour leur bonheur.

— Hélène, reprit le vieillard en la regardant avec attention, ne dois-je plus te revoir ?... et ne saurai-je donc jamais à quel motif ta fuite est due ?...

— Ce secret ne m'appartient pas !... dit-elle d'un ton grave. Sachez seulement que si j'étais restée quelques jours encore dans la maison paternelle, vous n'auriez plus vu votre Hélène...

— Puis, ajouta-t-elle en montrant par un geste gracieux la mer, ses enfans; cette vie n'est-elle pas préférable à la mort ?

Elle tendit à son père les cadeaux qu'elle destinait à sa famille.

Le général, accoutumé par les évènemens

de la guerre à des idées assez larges en fait de butin, accepta les présens offerts par sa fille, et se plut à penser que, sous l'inspiration d'une âme aussi pure, aussi élevée que celle d'Hélène, le Capitaine Parisien, restait honnête homme, en faisant la guerre aux Espagnols.

Alors sa passion pour les braves l'emporta.

Songeant qu'il serait ridicule de se conduire en prude, il serra vigoureusement la main du corsaire; puis, embrassant sa fille avec cette effusion particulière aux soldats, il laissa tomber une larme sur ce visage dont la fierté, dont l'expression mâle lui avaient plus d'une fois souri.

Le marin, fortement ému, lui donna ses enfans à bénir. Enfin, s'étant tous une dernière fois dit adieu, par un long regard qui ne fut pas dénué d'attendrissement

—Soyez toujours heureux !... s'écria le vieillard en s'élançant sur le tillac.

Le brick s'était déjà très éloigné des côtes de

France; et, sur mer, un singulier spectacle attendait le général.

Le Saint-Ferdinand, livré au flammes, flambait comme un immense feu de paille.

Les matelots, occupés à couler le brick espagnol, s'apercevant qu'il avait à bord un chargement de rhum, liqueur dont ils regorgeaient sur l'*Othello*, trouvèrent plaisant d'allumer un grand bol de punch en pleine mer... C'était un divertissement assez pardonnable à des gens auxquels l'apparente monotonie de la mer faisait saisir toutes les occasions d'animer leur vie.

En descendant du brick dans la chaloupe du *Saint-Ferdinand*, montée par six vigoureux matelots, le général partageait involontairement son attention entre l'incendie du *Saint-Ferdinand*, et sa fille appuyée sur le corsaire, tous deux debout à l'arrière de leur navire.

En présence de tant de souvenirs, en voyant la robe blanche d'Hélène qui flottait, légère, comme une voile de plus ; en distinguant sur l'Océan cette belle et grande figure, assez imposante pour dominer même la mer, il oubliait, avec l'insouciance d'un militaire, qu'il voguait sur la tombe du brave Gomez...

Au-dessus de lui, une immense colonne de fumée planait comme un nuage brun ; et, les rayons du soleil le perçant çà et là, y jetaient de poétiques lueurs : c'était un second ciel, un dôme sombre sous lequel brillaient des espèces de lustres, et au-dessus duquel planait l'azur inaltérable du firmament, qui paraissait mille fois plus beau par cette éphémère opposition. Les teintes bizarres de cette fumée, tantôt jaune, blonde, rouge, noire, fondues vaporeusement, couvraient le vaisseau qui pétillait, craquait et criait. — La flamme, sifflant dans les cordages, courait partout comme une sédition populaire par les rues d'une ville. — Le rhum produisait des flammes bleues qui frétillaient, comme si le génie des mers eût agité cette liqueur furibonde, de même qu'une main d'étudiant fait mouvoir la joyeuse *flamberie* d'un punch dans une orgie... Mais le soleil, plus puissant de lumière, jaloux de cette lueur insolente, laissait à peine voir dans ses rayons les couleurs de cet incendie... C'était comme un réseau, comme une écharpe qui voltigeait au milieu du torrent de ses feux...

L'Othello, saisissant, pour s'enfuir, le peu de vent qu'il pouvait pincer dans cette direction nouvelle, s'inclinait tantôt d'un côté, tantôt de l'autre, comme un cerf-volant balancé dans les airs. Ce beau brick courait des bordées vers le sud... et, alors, tantôt il se dérobait aux yeux du général, disparaissant derrière la colonne droite, dont l'ombre se projetait fantastiquement sur les eaux, et tantôt il se montrait, en se relevant avec grâce et fuyant.

Chaque fois qu'Hélène pouvait apercevoir son père, elle agitait son mouchoir pour le saluer encore.

Bientôt *le Saint-Ferdinand* coula, en produisant un bouillonnement aussitôt effacé par l'océan. Alors il ne resta plus de toute cette scène qu'un nuage balancé par la brise... *L'Othello* était loin; la chaloupe s'approchait de Bordeaux; le nuage s'interposa entre cette frêle embarcation et le brick... La dernière fois que le général aperçut sa fille, ce fut à travers une crevasse de cette fumée ondoyante... Vision prophétique!... Le mouchoir blanc, la robe, se détachaient seuls sur ce fond de bistre. Entre l'eau verte et le ciel bleu, le brick ne se voyait même pas.

Hélène n'était plus qu'un point imperceptible... une ligne déliée, gracieuse... un ange dans le ciel... une idée... un souvenir...

ENSEIGNEMENT.

— Mon Dieu!... dit Moïna, nous avons bien mal fait, ma mère, de ne pas rester quelques jours de plus dans ces montagnes!... Nous y étions bien mieux qu'ici. Avez-vous entendu les gémissemens continuels de ce maudit enfant et les bavardages de cette malheureuse femme qui parle en patois, car je n'ai pas compris un seul mot de ce qu'elle disait. Quelle espèce de gens nous a-t-on donnés pour voisins!... Cette nuit est une des plus affreuses que j'aie passées de ma vie!

— Je n'ai rien entendu!... répondit madame

de Verdun, mais, ma chère enfant, je vais voir l'hôtesse, et en lui demandant la chambre voisine, nous serons seules dans cet appartement, et n'aurons plus de bruit. — Comment te trouves-tu ce matin?... Es-tu fatiguée!...

En disant ces dernières phrases, madame de Verdun s'était levée pour venir près du lit de Moïna.

— Voyons... lui dit-elle en cherchant la main de sa fille.

— Oh! laisse-moi, ma mère, répondit Moïna, tu as froid!...

Et, à ces mots, la capricieuse jeune fille se roula dans son oreiller par un mouvement de bouderie, mais si gracieux, qu'il était difficile à une mère de s'en offenser.

En ce moment, une plainte dont l'accent doux et prolongé devait déchirer le cœur d'une femme, retentit dans la chambre voisine.

— Mais si tu as entendu cela pendant toute

la nuit, pourquoi ne m'as-tu pas éveillée?.. nous aurions...

Un gémissement plus profond que tous les autres interrompit madame de Verdun, qui s'écria :

— Il y a là quelqu'un qui se meurt!...

Et elle sortit vivement.

— Envoie-moi Pauline!... cria Moïna, je vais m'habiller.

Madame de Verdun descendit promptement, et trouva l'hôtesse dans la cour au milieu de quelques personnes qui paraissaient l'écouter attentivement.

— Madame, vous avez mis près de nous une personne qui paraît souffrir beaucoup...

— Ah! ne m'en parlez pas!... s'écria la maîtresse de l'hôtel, je viens d'envoyer chercher M. le maire!... Figurez-vous que c'est une femme, une pauvre malheureuse qui est arrivée hier au soir, à pied; elle vient d'Espagne, elle est sans passeport et sans argent... Elle portait sur son dos un petit enfant qui se meurt... Je n'ai pas pu me dispenser de la recevoir ici... Ce matin, je suis allé moi-même la voir, car hier, quand elle a débarqué ici, elle m'a fait une peine affreuse... Pauvre petite femme! elle était couchée avec son enfant, et ils se débattaient tous deux contre la mort.

— Madame, m'a-t-elle dit en tirant un anneau d'or de son doigt, je ne possède plus que cela, prenez-le pour vous payer, et ce sera suffisant, car je ne ferai pas un long séjour ici... Pauvre petit! nous allons mourir ensemble!... qu'elle dit en regardant son enfant. Je lui ai pris son anneau... et je lui ai demandé qui elle était, mais elle n'a jamais voulu me dire son nom... Je viens d'envoyer chercher le médecin et M. le maire.

—Mais, s'écria madame de Verdun, donnez-lui tous les secours qui pourront lui être nécessaires!... Mon Dieu! peut-être est-il encore temps de la sauver... — Je vous paierai tout ce qu'elle dépensera...

— Ah! madame, elle a l'air d'être joliment fière... et je ne sais pas si elle voudra.

— Je vais aller la voir...

Et aussitôt madame de Verdun monta chez l'inconnue, sans penser au mal que sa vue pouvait faire à cette femme dans un moment où on la disait mourante.

Madame de Verdun, veuve depuis un an, était encore en deuil. Sa santé s'étant légèrement altérée, et Moïna sa fille chérie désirant voir les Pyrénées, elles étaient venues toutes deux aux eaux de Bagnères.

Madame de Verdun pâlit à l'aspect de la mourante; car malgré les horribles souffrances qui avaient altéré la belle physionomie d'Hélène, elle reconnut sa fille aînée. A l'aspect d'une femme vêtue de noir, Hélène se dressa sur son séant, en jetant un cri de terreur; puis, elle retomba lentement sur son lit, lorsque, dans cette femme, elle retrouva sa mère...

— Ma fille!... dit madame de Verdun, que souffrez-vous?... que vous faut-il?... Pauline!... Moïna!...

— Il ne me faut plus rien!... répondit Hélène d'une voix affaiblie... J'espérais revoir mon père... mais votre deuil m'annonce...

Elle n'acheva pas; elle serra son enfant sur son cœur comme pour le réchauffer, le baisa au front, et lança sur sa mère un regard où le reproche se lisait encore, mais tempéré par le pardon.

Madame de Verdun ne voulut pas voir ce reproche; elle oublia qu'Hélène était un enfant conçu jadis dans les larmes et le désespoir, l'enfant du devoir, un enfant qui avait été cause de ses plus grands malheurs; elle s'avança doucement vers sa fille aînée, en se souvenant seulement qu'Hélène la première lui avait fait connaître les plaisirs de la maternité. — Les yeux de la mère étaient pleins de larmes; et, en embrassant sa fille, elle s'écria :

— Hélène!... Dieu!

Hélène gardait le silence. — Elle venait d'aspirer le dernier soupir de son dernier enfant.

En ce moment, Moïna, Pauline sa femme de chambre, l'hôtesse et un médecin entrèrent.

Madame de Verdun tenait la main glacée de sa fille dans les siennes, et la contemplait avec un désespoir vrai.

Exaspérée par le malheur, la veuve du marin, qui venait d'échapper à un naufrage, en ne sauvant de toute sa belle famille qu'un enfant, dit d'une voix horrible à sa mère :

— Tout ceci est votre ouvrage!... Si vous eussiez été pour moi ce que...

— Moïna, sortez!... Sortez tous... cria madame de Verdun en étouffant la voix d'Hélène par les éclats de la sienne.

— Par grâce, ma fille, reprit-elle, ne renouvelons pas en ce moment les tristes combats...

— Je me tairai... répondit Hélène en faisant un effort surnaturel. — Je suis mère... et je sais que Moïna ne doit pas... — Où est mon enfant?...

Moïna rentra, poussée par la curiosité.

— Ma sœur, le médecin... dit-elle.

— Tout est inutile!... reprit Hélène. — Ah! pourquoi ne suis-je pas morte à seize ans!.. Le bonheur ne se trouve pas... Moïna... tu...

Elle mourut en penchant sa tête sur celle de son enfant, qu'elle avait serré convulsivement.

— Ta sœur voulait sans doute te dire, Moïna, reprit madame de Verdun, lorsqu'elle fut rentrée dans sa chambre, où elle fondit en larmes, que le bonheur ne se trouve jamais, pour une fille, dans une vie romanesque, en dehors des idées reçues, et, surtout, loin de sa mère!

SCÈNE XV.

L'EXPIATION.

L'EXPIATION.

Pendant l'un des premiers jours du mois d'avril 1830..., une dame d'environ cinquante ans, mais qui paraissait encore plus vieille que ne le comportait son âge véritable, se promenait au soleil, à l'heure de midi, le long d'une allée, dans le jardin d'un grand hôtel, situé rue Plumet, à Paris.

Après avoir fait deux ou trois fois le tour du sentier légèrement sinueux où elle restait pour ne pas perdre de vue les fenêtres d'un appartement qui semblait attirer toute son attention, elle vint s'asseoir sur un de ces fauteuils à demi champêtres qui se fabriquent avec de jeunes branches d'arbres garnies de leur écorce.

De la place où se trouvait ce siége élégant, la dame pouvait embrasser par une des grilles d'enceinte, et les boulevards intérieurs, au milieu desquels est posé l'admirable dôme des Invalides qui élève sa coupole d'or parmi les têtes d'un millier d'ormes, admirable paysage !... et l'aspect moins grandiose de son jardin terminé par la façade grise d'un des plus beaux hôtels du faubourg Saint-Germain.

Là, tout était silencieux, les jardins voisins, les boulevards, les Invalides; car, dans ce noble quartier, le jour ne commence guère qu'à midi. A moins de quelque caprice, à moins qu'une jeune dame ne veuille monter à cheval, ou qu'un vieux diplomate n'ait un protocole à refaire; à cette heure, valets et maîtres, tout dort, ou tout se réveille.

La vieille dame si matinale était la marquise de Ballan, mère de madame de Saint-Héreen, à laquelle appartenait ce bel hôtel. La marquise s'en était privée pour sa fille, à qui elle avait donné toute sa fortune, en ne se réservant qu'une pension viagère.

La comtesse Moïna de Saint-Héreen était le dernier enfant de madame de Ballan; et, pour lui faire épouser l'héritier d'une des plus illustres maisons de France, elle avait tout sacrifié; mais rien n'était plus naturel.

La marquise avait successivement perdu deux fils. L'un, Gustave, marquis de Ballan, était mort pendant la campagne de 1823 en Espagne; l'autre, Abel, le jeune comte, avait été tué sur les boulevards, en juillet 1830. Tous deux laissèrent des veuves et des enfans; mais l'affection assez tiède que madame de Ballan avait portée à ses deux fils s'était encore affaiblie en passant à ses petits-enfans; quant à ses brus, elle se comportait poliment avec elles; mais le sentiment superficiel que le bon goût et les convenances nous prescrivent de témoigner à nos proches était tout ce qu'elle leur accordait.

La fortune de ses enfans morts ayant été parfaitement réglée, elle avait réservé pour sa chère Moïna ses économies et ses biens propres; car Moïna, belle et ravissante, depuis son enfance avait toujours été pour madame de Ballan l'objet d'une de ces prédilections innées ou involontaires chez les mères de famille, fatales sympathies qui semblent inexplicables, ou que les observateurs savent trop bien expliquer.

La charmante figure de Moïna, le son de voix de cette fille chérie, ses manières, sa démarche, sa physionomie, ses gestes, tout en elle réveillait chez madame de Ballan les émotions les plus profondes qui puissent animer, troubler ou charmer le cœur d'une mère. Le principe de sa vie présente, de sa vie du lendemain, de sa vie passée, était dans le cœur de cette jeune femme, où elle avait jeté tous ses trésors.

Moïna avait heureusement survécu à quatre enfans, ses aînés; car madame de Ballan avait perdu, de la manière la plus malheureuse, disaient les gens du monde, une fille charmante, dont la destinée était presque inconnue, et un petit garçon, enlevé à cinq ans par une horrible catastrophe. Voulant trouver un présage du ciel dans le respect que le sort semblait avoir pour la fille de son cœur, madame de Ballan n'accordait que de faibles souvenirs à ceux de ses enfans qui étaient tombés selon les caprices de la mort; et ils restaient au fond de son âme, comme ces tombeaux élevés dans un champ de bataille et que les fleurs des champs ont presque fait disparaître.

Le monde aurait pu demander à la marquise un compte sévère de cette insouciance et de cette prédilection; mais le monde de Paris est entraîné par un tel torrent d'évènemens, de modes, d'idées nouvelles, que toute la vie de madame de Ballan devait y être en quelque sorte oubliée. Personne ne songeait à lui faire un crime d'une froideur, d'un oubli qui n'intéressait personne, tandis que sa vive tendresse pour Moïna intéressait beaucoup de gens, et avait toute la sainteté d'un préjugé. D'ailleurs, la marquise allait peu dans le monde; et, pour la plupart des familles qui la connaissaient, elle paraissait bonne, douce, pieuse, indulgente; or, il faut avoir un intérêt bien vif pour aller au-delà de ces apparences dont la société se contente; et que ne pardonne-t-on pas aux vieillards lorsqu'ils s'effacent comme des ombres et ne veulent plus être qu'un souvenir!

Puis, madame de Ballan était un modèle complaisamment cité par les enfans à leurs pères, par les gendres à leurs belles-mères. Elle avait, avant le temps, donné ses biens à Moïna, contente du bonheur de la jeune comtesse, et ne vivant que par elle et pour elle.

Si des vieillards prudens, des oncles chagrins, blâmaient cette conduite en disant:

— Madame de Ballan se repentira peut-être quelque jour de s'être dessaisie de sa fortune en faveur de sa fille; car, si elle connaît bien le cœur de madame de Saint-Héreen, peut-elle être aussi sûre de la moralité de son gendre?...

C'était contre ces prophètes un *tolle* général; et, de toutes parts, pleuvaient des éloges pour Moïna.

— Il faut rendre cette justice à madame de Saint-Héreen, disait une jeune femme, que sa

mère n'a rien trouvé de changé autour d'elle.
— Madame de Ballan est admirablement bien logée. — Elle a une voiture à ses ordres, et peut être dans le monde comme auparavant; aller partout...

— Excepté aux Italiens !... dit tout bas un vieux parasite, un de ces gens qui se croient en droit d'accabler leurs amis d'épigrammes, sous prétexte de faire preuve d'indépendance. La douairière n'aime guère que la musique, en fait de choses étrangères à son enfant gâté. Elle a été si bonne musicienne dans son temps! Mais comme la loge de la comtesse est toujours envahie par de jeunes papillons, et qu'elle y gênerait cette petite personne, dont on parlera bientôt comme d'une grande coquette, la pauvre mère ne va jamais aux Italiens...

— Madame de Saint-Héreen, disait une fille à marier, a, pour sa mère, des soirées délicieuses, un salon où va tout Paris.

— Un salon où personne ne fait attention à la vieille marquise!... répondait le parasite.

— Le fait est que madame de Ballan n'est jamais seule, disait un fat en appuyant le parti des jeunes dames.

— Excepté le matin, répondait le vieil observateur à voix basse; le matin, la chère Moïna dort; à quatre heures, la chère Moïna est au bois; le soir, la chère Moïna va au bal ou aux Bouffes... Mais il est vrai que madame de Ballan a la ressource de voir sa chère fille pendant qu'elle s'habille, et durant le dîner, lorsque la chère Moïna dîne chez elle.

— Il n'y a pas encore huit jours, monsieur, dit le parasite en prenant par le bras un timide précepteur, nouveau-venu dans la maison où il se trouvait, que je vis cette pauvre mère toute triste et seule au coin de son feu. — Qu'avez-vous? lui demandai-je. La marquise me regarda en souriant, mais elle avait certes pleuré. — Je pensais, me dit-elle, qu'il est bien singulier de me trouver seule, après avoir eu cinq enfans!... mais cela est dans notre destinée!... Et puis, je suis si heureuse quand je sais que Moïna s'amuse! Elle pouvait

se confier à moi qui, jadis, ai connu son mari!...
C'était un pauvre homme, et il a été bien
heureux de l'avoir pour femme; car c'est bien
à elle qu'il a dû sa pairie et sa charge à la
cour.

Mais il se glisse tant d'erreurs dans les conversations du monde; il s'y fait avec légèreté des maux si profonds, que l'historien des mœurs est obligé de sagement peser les assertions insouciamment émises par tant d'insoucians. Enfin, peut-être ne doit-on jamais prononcer qui a tort ou raison de l'enfant ou de la mère; car, entre les deux cœurs, il n'y a qu'un seul juge possible. Ce juge est Dieu!... Dieu qui, souvent, assied sa vengeance au sein des familles, et se sert éternellement des enfans contre les mères, des pères contre les fils, des peuples contre les rois, des princes contre les nations, de tout contre tout; remplaçant dans le monde moral les sentimens par les sentimens comme les jeunes feuilles poussent les vieilles au printemps; agissant en vue d'un ordre immuable, d'un but à lui seul connu: sans doute, chaque chose va dans son sein, ou, mieux encore, elle y retourne.

Ces religieuses pensées, si naturelles au cœur des vieillards, flottaient éparses dans l'âme de madame de Ballan à demi lumineuses, tantôt abîmées, tantôt déployées complètement, comme des fleurs tourmentées à la surface des eaux, pendant une tempête. Elle s'était assise, toute lassée, affaiblie par une longe méditation, par une de ces rêveries, au milieu desquelles toute la vie se dresse, se déroule aux yeux de ceux qui pressentent la mort.

Cette femme, vieille avant le temps, eût été, pour quelque poète passant su le boulevard, un tableau curieux. A la voir assise à l'ombre grêle d'un acacia, l'ombre d'un acacia à midi, tout le monde eût su lire une des mille choses écrites sur ce visage pâle et froid, même au milieu des chauds rayons du soleil.

Cette figure pleine d'expression représentait quelque chose de plus grave encore que ne l'est une vie à son déclin, ou de plus profond qu'une âme affaissée par l'expérience. Elle était un de ces types qui, entre mille physionomies dédaignées, parce qu'elles sont sans caractère, vous arrêtent un moment, vous font penser;

comme, entre les mille tableaux d'un musée, vous êtes fortement impressionné, soit par la tête sublime où Murillo peignit la douleur maternelle, soit par le visage de Béatrix Cenci où le Guide sut peindre la plus touchante innocence au fond du plus épouvantable crime, soit par la sombre face de Philippe II, d'où Velasquez fait sortir éternellement la majestueuse terreur que doit inspirer la royauté. Il y a certaines figures humaines, despotiques images qui vous parlent, vous interrogent, répondent à vos pensées secrètes, et qui sont des poèmes entiers. Or, le visage glacé de madame de Ballan était une de ces poésies terribles, une de ces faces répandues par milliers dans la divine Comédie de Dante Alighieri.

Pendant la rapide saison où la femme reste en fleur, les caractères de sa beauté servent admirablement bien la dissimulation à laquelle sa faiblesse naturelle et nos lois sociales la condamnent. Alors, sous le riche coloris de son visage frais, sous le feu de ses yeux, sous le réseau gracieux de ses traits si fins, de tant de lignes multipliées, courbes ou droites, mais pures et parfaitement arrêtées, toutes ses émotions peuvent demeurer secrètes et latentes; car, alors, la rougeur ne révèle rien en colorant encore des couleurs déjà si vives; car alors tous les foyers intérieurs se mêlent si bien à la lumière de ces yeux flamboyans de vie, que la flamme passagère d'une souffrance y apparaît comme une grâce de plus. Aussi, rien n'est si discret qu'un jeune visage, parce que rien n'est plus immobile. La figure d'une jeune femme a le calme, le poli, la fraîcheur de la surface d'un lac.

Aussi, la physionomie des femmes ne commence-t-elle qu'à trente ans. Jusques à cet âge, le peintre ne trouve dans leurs visages que du rose et du blanc, des sourires et des expressions qui répètent une même pensée, pensée de jeunesse et d'amour, pensée uniforme et sans profondeur; mais dans la vieillesse, tout chez la femme a parlé, toutes les passions se sont incrustées sur son visage; elle a été amante, épouse, mère; les expressions les plus violentes de la joie et de la douleur ont fini par grimer, torturer ses traits, par s'y empreindre en mille rides, qui toutes ont un langage; et, alors, une tête de femme devient sublime d'horreur, belle de mélancolie, ou magnifique de calme; alors, s'il est permis de poursuivre une étrange métaphore commencée, le lac desséché laisse voir les traces de tous les torrens qui l'ont produit; alors, une tête de vieille femme n'appartient plus ni au monde, qui, frivole, est effrayé d'y apercevoir la destruction de toutes les idées d'élégance dont il se repaît; ni aux artistes vulgaires, qui n'y découvrent rien; mais aux vrais poètes, à ceux qui ont le sentiment d'un beau indépendant de toutes les conventions sur lesquelles reposent tant de préjugés, en fait d'art et de beauté.

Quoique madame de Ballan portât sur sa tête une capote à la mode, il était facile de voir que sa chevelure, jadis noire, avait été blanchie par de cruelles émotions; mais la manière dont elle la séparait en deux bandeaux trahissait son bon goût, révélait les gracieuses habitudes de la femme élégante, et dessinait parfaitement son front flétri, ridé, dans la forme duquel se retrouvaient quelques traces de son ancien éclat. La coupe de sa figure, la régularité de ses traits, donnaient une idée, faible à la vérité, de la beauté dont elle avait dû être orgueilleuse; mais ces indices accusaient encore mieux les douleurs, qui avaient été assez aiguës pour creuser ce visage, pour en dessécher les tempes, en rentrer les joues, en meurtrir les paupières et les dégarnir de cils, cette grâce des regards.

Tout était silencieux en madame de Ballan : sa démarche et ses mouvemens avaient cette lenteur grave et recueillie qui imprime le respect; sa modestie changée en timidité, semblait être le résultat de l'habitude qu'elle avait prise depuis quelques années, de s'effacer devant sa fille; et sa parole était rare, douce, comme celle de toutes les personnes forcées de réfléchir, de se concentrer, de vivre en elles-mêmes.

Cette attitude et cette contenance inspiraient un sentiment indéfinissable qui n'était ni la terreur, ni la crainte, ni la compassion, mais dans lequel se fondaient mystérieusement toutes les idées que réveillent ces diverses affections. Enfin la nature de ses rides, la manière dont son visage était plissé; la pâleur de son regard endolori, tout témoignait éloquemment de ces larmes, qui, dévorées par le cœur, ne tombent jamais à terre.

Les malheureux accoutumés à contempler souvent le ciel, pour en appeler à lui des maux constans de leur vie, eussent facilement reconnu dans les yeux de cette mère les cruelles habitudes d'une prière faite à chaque instant du jour, et les légers vestiges de ces meurtrissures secrètes qui finissent par détruire toutes les fleurs de l'âme, et même le sentiment de la maternité. Les peintres ont des couleurs pour ces portraits; mais les idées et la parole sont impuissantes pour les traduire fidèlement; il s'y rencontre des phénomènes inexplicables dans les tons du teint, et dans l'air de la figure, choses que l'âme saisit par la vue; et tout ce que l'art peut laisser en partage au poète, est le récit des évènemens auxquels sont dus de si terribles bouleversemens de la physionomie.

Cette figure annonçait un orage calme et froid, un secret combat entre l'héroïsme de la douleur maternelle et l'infirmité de nos sentimens, qui sont finis comme nous-mêmes, où rien ne se trouve d'infini. Puis, ces souffrances, sans cesse refoulées, avaient produit à la longue, je ne sais quoi de morbide en cette femme; sans doute quelques émotions trop violentes avaient-elles physiquement altéré ce cœur maternel, et quelque maladie, un anévrysme peut-être, menaçait-il lentement cette femme à son insu. Les peines vraies sont en apparence si tranquilles dans le lit profond qu'elles se sont fait, où elles semblent dormir, mais où elles continuent à corroder l'âme comme l'acide pur qui perce le cristal!

En ce moment, deux larmes sillonnèrent les joues de madame de Ballan, et elle se leva, comme si quelque réflexion, plus poignante que toutes les autres, l'eût vivement blessée. Elle avait sans doute jugé l'avenir de Moïna!... Or, en prévoyant les douleurs qui attendaient sa fille, tous les malheurs de sa propre vie lui étaient retombés sur le cœur.

La situation de cette mère sera comprise en expliquant celle de la fille.

M. le comte de Saint-Héreen était parti

depuis environ six mois pour accomplir une mission politique. Pendant cette absence, Moïna, qui, à toutes les vanités de la petite maîtresse, joignait les capricieux vouloirs de l'enfant gâté, s'était amusée, par étourderie, ou pour obéir aux mille coquetteries de la femme, et peut-être pour en essayer le pouvoir, à jouer avec la passion d'un homme habile, mais sans cœur, se disant ivre d'amour, de cet amour avec lequel se combinent toutes les petites ambitions sociales et vaniteuses du fat.

Madame de Ballan, à laquelle une longue expérience avait appris à connaître la vie, à juger les hommes, à redouter le monde, ayant observé la marche et les progrès de cette intrigue, pressentait la perte de sa fille, en la voyant tombée entre les mains d'un homme à qui rien n'était sacré. N'y avait-il pas, pour elle, quelque chose d'épouvantable à rencontrer *un roué* dans l'homme que Moïna écoutait avec plaisir !... Donc, son enfant chéri se trouvait au bord d'un abîme ; elle en avait une horrible certitude, et n'osait l'arrêter; car elle tremblait devant la comtesse. Elle savait d'avance que Moïna n'écouterait aucun de ses sages avertissemens, car elle n'avait aucun pouvoir sur cette âme, de fer pour elle, et toute moelleuse pour les autres. Sa tendresse l'eût portée à s'intéresser aux malheurs d'une passion justifiée par les nobles qualités du séducteur; mais sa fille suivait un mouvement de coquetterie; et la marquise méprisait M. de Vandenesse, sachant qu'il était homme à considérer sa lutte avec Moïna comme une partie d'échecs. Or, quoique Alfred de Vandenesse fît horreur à cette malheureuse mère, elle était obligée d'ensevelir dans le pli le plus profond de son cœur les raisons suprêmes de son aversion; car elle était intimement liée avec M. le comte de Vandenesse père d'Alfred, et cette amitié respectable aux yeux du monde, autorisait le jeune homme à venir familièrement chez madame de Saint-Héreen, pour laquelle il feignait une passion conçue dès l'enfance.

D'ailleurs, en vain madame de Ballan se serait-elle décidée à jeter entre sa fille et Alfred de Vandenesse une terrible parole qui les eût séparés; elle était certaine de n'y pas réussir, malgré la puissance de cette parole qui l'eût déshonorée aux yeux de sa fille. L'un avait trop de corruption, l'autre trop d'esprit pour croire à cette révélation, et le jeune vicomte l'eût éludée en la traitant de ruse maternelle.

Madame de Ballan avait bâti son cachot de ses propres mains, et s'y était murée elle-même pour y mourir, en voyant se perdre la belle vie de Moïna, cette vie devenue sa gloire, son bonheur et sa consolation, une existence, pour elle, mille fois plus chère que la sienne. Horribles souffrances, incroyables, sans langage!... Abîmes sans fond!...

Elle attendait impatiemment le lever de sa fille, et néanmoins le redoutait, semblable au malheureux condamné à mort qui voudrait en avoir fini avec la vie, et qui cependant a froid en pensant au bourreau. La marquise avait résolu de tenter un dernier effort; mais elle craignait peut-être encore moins d'échouer dans sa tentative, que de recevoir encore une de ces blessures si douloureuses à son cœur, qu'elles avaient épuisé tout son courage. Son amour de mère en était arrivé là!... Aimer sa fille, la redouter, appréhender un coup de poignard, et aller au devant!... Le sentiment maternel est si large dans les cœurs aimans, qu'avant d'arriver à l'indifférence, une mère doit mourir, ou s'appuyer sur quelque grande puissance : la religion ou l'amour.

Depuis son lever, la fatale mémoire de la marquise lui avait retracé plusieurs de ces faits, petits en apparence, mais qui, dans la vie morale, sont de grands évènemens. En effet, parfois, un geste enferme tout un drame; l'accent d'une parole déchire toute une vie; l'indifférence d'un regard tue la plus heureuse passion... Or, la marquise de Ballan avait malheureusement vu trop de ces gestes, entendu trop de ces paroles, reçu trop de ces regards affreux à l'âme, pour que ses souvenirs lui donnassent des espérances. Tout lui prouvait qu'Alfred l'avait chassée du cœur de sa fille où elle restait, elle, la mère!... moins comme un plaisir que comme un devoir. Mille choses, des riens, même, lui attestaient la conduite détestable de la comtesse envers elle, ingratitude que la marquise regardait peut-être comme une punition, voulant chercher des excuses à sa fille dans les desseins de la Providence, afin de pouvoir encore adorer la main qui la frappait.

Pendant cette matinée, elle se souvint de tout, et tout la frappa de nouveau si vivement au cœur, que sa coupe remplie de chagrins devait déborder si la plus légère peine y était jetée. Un regard froid pouvait tuer la marquise. Il est difficile de peindre ces faits domestiques ; mais quelques uns suffiront peut-être à les indiquer tous.

Ainsi, la marquise étant devenue un peu sourde, n'avait jamais pu obtenir de Moïna qu'elle élevât la voix pour elle ; et le jour où, dans la naïveté de l'être souffrant, elle pria sa fille de répéter une phrase dont elle n'avait rien saisi, la comtesse obéit, mais avec un air de mauvaise grâce qui ne permit pas à madame de Ballan de réitérer sa modeste prière. Depuis ce jour, quand Moïna racontait un évènement ou parlait, la marquise avait soin de s'approcher d'elle, et souvent la comtesse, qui paraissait ennuyée de cette attention, reprochait étourdiment à sa mère cette espèce de culte, plein de sentiment. Cet exemple pris entre mille, ne pouvait frapper que le cœur d'une mère; et toutes ces choses eussent échappé peut-être à un observateur, parce que c'étaient des nuances insensibles à des yeux autres que ceux d'une femme.

Ainsi, madame de Ballan ayant un jour dit à sa fille, que la duchesse d'Avaugour était venue la voir, Moïna s'écria simplement :

— Ah! elle est venue pour vous!...

Il y avait dans l'air dont ces paroles furent dites, dans l'accent que la comtesse y mit, un étonnement où se peignaient par de légères teintes, ce mépris élégant qui ferait trouver aux cœurs, toujours jeunes et tendres, de la philantropie dans la coutume en vertu de laquelle les sauvages tuent leurs vieillards, quand ils ne peuvent plus se tenir à la branche d'un arbre fortement secoué.

Alors madame de Ballan se leva, sourit, et alla pleurer en secret; car les gens bien élevés, les femmes surtout, ne trahissent leurs sentimens que par ces touches imperceptibles, mais qui n'en font pas moins deviner les vibrations de leurs cœurs à ceux qui peuvent retrouver dans leur vie des situations analogues à celle de cette mère meurtrie.

Accablée par ces souvenirs, madame de Ballan retrouva l'un de ces faits microscopiques si piquans, si cruels, dont elle n'avait jamais mieux vu qu'en ce moment le mépris atroce, caché sous des sourires ; mais ses larmes se séchèrent quand elle entendit ouvrir les persiennes de la chambre où reposait sa fille. Elle accourut en se dirigeant vers les fenêtres par le sentier qui passait le long de la grille devant laquelle elle s'était naguère assise.

Tout en marchant, elle remarqua le soin particulier que le jardinier avait mis à ratisser le sable de cette allée, assez mal tenue depuis peu de temps.

Quand madame de Ballan arriva sous les fenêtres de sa fille, les persiennes se refermèrent brusquement.

— Moïna ! dit-elle.

Point de réponse.

— Madame la comtesse est dans le petit salon!... dit la femme de chambre de Moïna, quand la marquise, rentrée au logis, demanda si sa fille était levée.

Madame de Ballan ayant le cœur trop plein, et la tête trop fortement préoccupée pour réfléchir, en ce moment, sur des circonstances aussi légères, passa promptement dans le petit salon, où elle trouva la comtesse en peignoir, un bonnet négligemment jeté sur une chevelure en désordre, les pieds dans ses pantoufles, ayant la clef de sa chambre dans sa ceinture, le visage empreint de pensées presque orageuses, et des couleurs animées. Elle était assise sur un divan, et paraissait réfléchir.

— Pourquoi vient-on?.... me dit-elle d'une voix dure...

Ah! c'est vous, ma mère, reprit-elle d'un air distrait, après s'être interrompue elle-même.

— Oui, *mon enfant*, c'est *ta mère*....

L'accent avec lequel madame de Ballan prononça ces paroles peignit une effusion de cœur et une émotion intime, dont il serait difficile de donner une idée sans employer le mot de *sainteté*; car elle avait si bien revêtu le caractère sacré d'une mère que sa fille en fut frappée, et se tourna vers elle par un mouvement qui exprimait à la fois le respect, l'inquiétude et le remords.

Madame de Ballan ferma la porte de ce salon, où personne ne pouvait entrer sans faire du bruit dans les pièces précédentes: cet éloignement garantissait de toute indiscrétion.

— Ma fille, dit la marquise, il est de mon devoir de t'éclairer sur une des crises les plus importantes de notre vie de femme, dans laquelle tu te trouves à ton insu peut-être, et dont je viens te parler moins en mère qu'en amie. En te mariant, tu es devenue libre de tes actions; tu n'en dois compte qu'à ton mari; mais je t'ai si peu fait sentir l'autorité maternelle, et ce fut un tort peut-être, que je me crois en droit de me faire écouter de toi, une fois au moins, dans la situation grave où tu dois avoir besoin de conseils. — Songe, Moïna, que je t'ai mariée à un homme d'une haute capacité, dont tu peux être fière, que...

— Ma mère, s'écria Moïna d'un air mutin et en l'interrompant, je sais ce que vous venez me dire... Vous allez me faire de la morale au sujet d'Alfred...

— Vous ne devineriez pas si bien, Moïna, reprit gravement la marquise en essayant de retenir ses larmes, si vous ne sentiez pas...

— Quoi?... dit-elle d'un air presque hautain. Mais, ma mère, en vérité!...

— Moïna, s'écria madame de Ballan en faisant un effort extraordinaire, il faut que vous entendiez attentivement ce que je dois vous dire...

— J'écoute... dit la comtesse en se croisant les bras et affectant une impertinente soumission.

— Permettez-moi, ma mère, dit-elle avec

un sang-froid incroyable, il faut que je sonne Pauline et que je la renvoie...

Elle sonna.

— Ma chère enfant, Pauline ne peut pas entendre...

— Maman, reprit encore la comtesse d'un air sérieux, et qui aurait dû paraître extraordinaire à la mère, je dois...

Elle s'arrêta; la femme de chambre arrivait.

— Pauline, allez *vous-même* chez Herbault savoir pourquoi je n'ai pas encore mon chapeau...

Puis, elle se rassit; et regarda sa mère avec attention.

Alors, madame de Ballan, dont le cœur était gonflé, les yeux secs, et qui ressentait une de ces émotions dont les mères seules peuvent comprendre la douleur, prit la parole pour instruire Moïna du danger qu'elle courait. Mais, soit que la comtesse se trouvât blessée des soupçons que sa mère concevait sur le vicomte de Vandenesse, soit qu'elle fût en proie à l'une de ces folies incompréhensibles dont certains jeunes cœurs ont seuls le secret, elle profita d'une pause faite par sa mère pour lui dire en riant d'un rire forcé :

— Maman, je ne vous croyais jalouse que du père...

A ce mot, madame de Ballan ferma les yeux, baissa la tête, poussa le plus léger de tous les soupirs ; puis, jetant son regard en l'air, comme pour obéir au sentiment invincible qui nous fait invoquer Dieu dans les grandes crises de la vie, et dirigeant sur sa fille ses yeux pleins d'une majesté terrible et d'une profonde horreur :

— Ma fille !... dit-elle d'une voix gravement altérée, vous avez été plus impitoyable envers votre mère que ne le fut l'offensé, que ne le sera Dieu peut-être !...

Ayant dit, madame de Ballan se leva, gagna

la porte, arrivée là, elle se retourna, mais ne voyant que de la surprise dans les yeux de sa fille, elle sortit, et put aller jusque dans le jardin, où ses forces l'abandonnèrent.

Là, ressentant au cœur de fortes douleurs, elle tomba sur un banc; et comme ses yeux erraient sur le sable, elle y aperçut la récente empreinte d'un pas d'homme, dont les bottes avaient laissé des marques très reconnaissables. Sans croire Moïna perdue, elle en eut le soupçon, et crut comprendre alors le motif de la commission donnée à Pauline. — Alors cette idée cruelle fut accompagnée d'une révélation plus odieuse que tout le reste; car elle supposa que le fils de M. de Vandenesse avait détruit dans le cœur de Moïna ce respect dû par une fille à sa mère, dans toute espèce de circonstances. Sa souffrance s'accrut, et elle s'évanouit insensiblement sur le banc, où elle demeura comme endormie.

La jeune comtesse trouva seulement que sa mère s'était permis de lui donner *un coup de boutoir* un peu sec, et pensa que le soir une caresse ou quelques attentions feraient tous les frais du raccommodement.

Entendant un cri de femme dans le jardin, elle se pencha négligemment au moment où Pauline, qui n'était pas encore sortie, appelait au secours, et tenait madame de Ballan dans ses bras.

— N'effrayez pas ma fille !... fut le dernier mot que devait prononcer la marquise.

Moïna vit transporter sa mère, pâle, inanimée, respirant avec difficulté, mais agitant les bras, comme si elle voulait ou lutter, ou parler avec la douleur.

Atterrée par ce spectacle, Moïna suivit sa mère, aida silencieusement à la coucher sur son lit et à la déshabiller. Sa faute l'accabla. En ce moment suprême, elle connut sa mère, et ne pouvait plus rien réparer.

Elle voulut être seule avec elle; et quand il n'y eut plus personne dans la chambre, qu'elle sentit le froid de cette main pour elle toujours caressante, elle fondit en larmes.

Réveillée par ces pleurs, la marquise put encore regarder sa chère Moïna ; et, au bruit de ses sanglots, qui semblaient vouloir briser ce sein délicat et en désordre, elle contempla sa fille en souriant !... Ce sourire prouvait à l'enfant que le cœur d'une mère est un abîme au fond duquel il y a toujours un pardon.

Aussitôt que l'état de la marquise fut connu, des gens à cheval avaient été expédiés pour aller chercher des médecins, des chirurgiens, et tous les enfans de madame de Ballan.

Or, la jeune marquise, la comtesse de Ballan et leurs enfans, arrivèrent en même temps que les gens de l'art et plusieurs amis ; puis formèrent soudain une assemblée assez imposante, silencieuse et inquiète, à laquelle se mêlèrent les domestiques.

N'entendant aucun bruit, la jeune marquise frappa doucement à la porte de la chambre.

A ce signal, Moïna, réveillée sans doute dans sa douleur, poussa brusquement les deux battans, et jeta ses yeux hagards sur ces groupes effrayés.

La comtesse était dans un désordre qui parlait plus haut que le langage.

A cet aspect, chacun resta muet et silencieux. Il était facile d'apercevoir les pieds de la marquise raides et tendus convulsivement sur le lit de mort.

Moïna s'appuya sur la porte; et, regardant cette assemblée, dit d'une voix creuse :

— *J'ai perdu ma mère!...*

TABLE

DES MATIERES CONTENUES DANS CE VOLUME.

Le Rendez-vous. 1

La Femme de trente ans. 159

Le Doigt de Dieu. 209

Les deux Rencontres. 225

L'Expiation. 339

www.ingramcontent.com/pod-product-compliance
Lightning Source LLC
Chambersburg PA
CBHW050437170426
43201CB00008B/708